AF230491

LA BIBLE

ET LA

MORALE CHRÉTIENNE

EXPOSÉ CRITIQUE

PAR

FÉLIX GOUIN

AVEC UNE PRÉFACE DE

GUILLAUME JARDIN

Licencié ès sciences

Secrétaire Général de la Fédération des Jeunesses Laïques de France

---

« Le sage ramène tout au tribunal de la raison, jusqu'à la raison elle-même. »

KANT

POLIGNY

IMPRIMERIE DES ANNALES DE LA JEUNESSE LAÏQUE

1907

PRÉFACE

On n'est vraiment affranchi d'une
religion que quand on l'a comprise.
GABRIEL SÉAILLES.
(*La Libre-Pensée*).

Un de nos jeunes camarades, le citoyen
Félix Gouin, a entrepris une série d'études
exégétiques sur « La Bible et la Morale Chrétienne ». Il nous offre les fruits de sa première
récolte. C'est pour nous une mission bien
agréable que d'en recommander la saveur à
tous les esprits préoccupés par le problème
religieux, curieux des recherches par lesquelles un esprit libre s'efforce d'en élaborer une
solution indépendante de toute formule inspirée par une Église ou enseignée par une École.

De tels efforts, tentés par des jeunes, sont
trop précieux, parce que trop rares, pour que
celui-ci n'obtienne certainement tout le succès
dû à l'indépendance, à l'impartialité et au talent
de son auteur. Les conditions de l'état général, tant des esprits partisans ou adversaires
de l'idée religieuse, que des pouvoirs civils et
catholiques, y sont, en outre, éminemment fa-
vorables.

La grande bataille engagée depuis trois
ans autour du principe de Séparation des
Églises et de l'Etat, qu'ont précédée des escar-

mouches et des combats d'avant-garde qui occupent plus d'un siècle de notre vie nationale, n'est pas encore terminée. Les munitions de l'Etat en lois, décrets et circulaires sont aussi inépuisables que sa capacité en concessions, et celles de l'Église catholique sont aussi indestructibles que sa persévérance. Des résultats acquis, on peut toutefois déduire déjà le résultat final.

L'Etat affirme : « L'Eglise n'est pas une société vraie et parfaite, pleinement libre ; elle ne jouit pas de droits propres et constants, à elle conférés par son divin Fondateur, mais il appartient au pouvoir civil de définir quels sont les droits de l'Eglise et les limites dans lesquelles elle peut les exercer. » Il s'efforce de transformer cette affirmation en institutions. Pour y réussir, il agite l'opinion publique, le Parlement, les Ministres. Le public organise des manifestations pour lui demander le vote d'une loi qu'il s'étonne subitement de ne voir point réalisée « après trente ans de République ! », le Parlement l'élabore et la vote. Mais... son pouvoir exécutif trouve devant lui, outre les insurgés de vaudeville — agents inconscients de bas intérêts électoraux — que quelques compagnies de biffins rendent bientôt aux salutaires et sains travaux des champs, le pouvoir de la papauté fidèle à ses traditions, fortement instruit d'une méthode de lutte séculairement éprouvée.

Pie IX, dès 1854, dans l'allocution *Singulari quadam*, avait condamné l'affirmation audacieuse de la suprématie du pouvoir civil. Et si un ministre républicain oublie ou ignore souvent les déclarations de l'un de ses prédécesseurs, un pape ne peut ignorer celle d'un autre pape,... du moins lorsqu'elles sont conformes aux intérêts de l'Eglise dont il est le chef infaillible et indiscuté. Pie X est scrupuleusement fidèle aux déclarations de Pie IX : « Pierre est toujours debout dans la chaire de Rome. » Et si « cet ex-curé de village » n'assure pas le triomphe absolu de son Eglise sur l'Etat, il en aura tout au moins démontré la supériorité tactique et logique.

Le conflit entre le pouvoir civil et le pouvoir catholique, en mettant en évidence la faiblesse du premier, a pour conclusion : *la faillite de l'anticléricalisme bourgeois*. Et nous avouons sincèrement que si cet évènement n'était exploité par les sophistes catholiques pour relever leur prestige — hier fort diminué — devant l'opinion de la foule inconsciente, mais numériquement dangereuse pour le succès de notre œuvre d'émancipation, il nous paraîtrait sage de nous en réjouir.

Qu'on ne voie point l'énoncé d'un paradoxe conçu par un dilettante en quête d'un succès d'originalité. Nous gaspillerions, certes, bien inutilement notre temps si nous n'avions d'autres raisons de manifester une pareille opinion. Nous n'avons pas, d'ailleurs, le désir — déplacé au début d'une œuvre du genre de celle que nous leur présentons — d'amuser nos lecteurs.

Nous considérons que l'anticléricalisme bourgeois est nuisible à l'émancipation de l'esprit humain, parce qu'une négation ne peut constituer un système susceptible de satisfaire complètement l'esprit, parce qu'il est une forme de la concurrence entre deux puissances d'asservissement intellectuel et corporel différentes, mais également redoutables, parce qu'il crée dans l'esprit une diversion préjudiciable non seulement à la solution des questions sociales, mais encore, malgré son apparence factice de libre-pensée, à une sûre et définitive libération humaine de toute religion.

Une négation ne peut pas plus satisfaire indéfiniment l'esprit de l'homme que les attaques contre les fraudeurs ne sauraient nourrir son corps. La négation peut détruire une erreur ou une fraude. Elle ne produit rien. Toute négation triomphante doit faire immédiatement place à une affirmation nouvelle provisoirement préférée à toute autre. C'est là une grande vérité admise et plus ou moins poétiquement exprimée par l'humanité en tout temps et en tout lieu. L'œuvre éternelle de Brahma, sans cesse détruite par Çiva, et sans cesse rétablie par Vichnou ; le lumineux Osiris vaincu par l'odieux Set ressuscite à chaque aurore dans le resplendissant Horus : les feuilles mortes donnent au sol les éléments des feuilles qui verdiront en de futurs printemps.

Aussi bien une négation contient-elle toujours implicitement l'affirmation qui lui succédera, une négation sert-elle toujours une affirmation coexistante. Celle-ci dépend logiquement des qualités morales et sociales de ceux qui l'adoptent. Elle peut être dissimulée ou évidente. Elle existe toujours.

Sous ce que nous appelons l'anticléricalisme

bourgeois se dissimule l'*esprit de conservation sociale*. Dans ce cas, l'affirmation consiste à déclarer que le régime politique et économique actuel est le meilleur. Elle implique la volonté de le conserver. Elle est essentiellement l'ennemie de tout mouvement politique ou économique régressif ou progressif, car l'un ou l'autre diminuerait la puissance de la bourgeoisie industrielle et commerciale actuelle. Le sentiment de conservation politique l'emporte sur le sentiment de conservation économique, ou inversement, suivant que c'est la forme politique ou la forme économique qui est la plus menacée.

L'anticléricalisme est né à une époque où l'Eglise encore fidèle aux partisans des régimes politiques antérieurs, dans une situation douteuse des divers partis, combattait vivement le régime républicain nouveau et où les partisans d'une transformation économique étaient peu redoutés parce que peu connus ou mal comptés. Il a été un effet de la concurrence entre la bourgeoisie et l'Eglise catholique, également désireuses d'exercer l'influence prépondérante sur l'esprit du peuple, maître véritable, mais inconscient, de la situation politique.

Cet intérêt politique de la bourgeoisie s'alliait naturellement à son intérêt économique, qui exigeait pour ses usines, ses ateliers, ses maisons de commerce, des ouvriers, des ingénieurs, des représentants et des vendeurs instruits lui permettant de lutter avec avantage contre la concurrence étrangère ou nationale. Et si les écoles congréganistes possédaient la qualité d'habituer leurs élèves au respect de l'autorité d'un maître, on y gaspillait trop de temps aux exercices religieux. Les chers frères étaient, de plus, par trop en retard sur l'état des connaissances modernes et leur enseignement était absolument insuffisant. Ces considérations ont engendré la seule œuvre publique positive de l'anticléricalisme bourgeois, l'école dite laïque a été créée. C'est proprement l'école bourgeoise qu'il faudrait dire.

Mais ici comme en tout ordre de faits : « L'idée a dépassé le penseur ». L'œuvre est plus féconde que ne le désiraient ses auteurs. Du sol que les blés mûrs devaient parer d'une blonde et souple chevelure, seule joie annonçant les profitables récoltes, les premières attaques du soc ont fait jaillir des éclats de diamant pur, et le semeur surpris retient son geste pour admirer la féerie des couleurs dispersées !

Aux résultats pratiques du savoir utilisés par une classe de nouveaux privilégiés, succèdent fatalement ses résultats naturels. Les formules négatives de l'anticléricalisme bourgeois ne suffisent plus, ses plaisanteries n'amusent plus personne. Les attractions de café-concert ne peuvent perpétuellement distraire les hommes du souci de leur intérêts vitaux et de l'amour des œuvres saines et belles.

Pendant longtemps on a entretenu la foi anticléricale à grands renforts « de drapeaux, de banquets et de discours — de discours surtout » (1). On a ainsi réussi non pas à détruire le

____

(1) Jules Guesde, *Le socialisme au jour le jour*, page 415.

cléricalisme, non pas à libérer l'esprit de l'idée religieuse, mais à créer un cléricalisme à rebours, à obscurcir l'esprit populaire de haines et de passions, qui, pour être opposées aux haines et aux passions religieuses, n'étaient ni moins pitoyables ni moins dangereuses. Au fanatisme religieux aveugle et brutal, on substitua le fanatisme anticlérical prétentieux et méprisant.

Ces deux sentiments, semblables au fond, sont également indignes et de la raison humaine et de l'opinion des foules. De la bonne vieille dévote qui allume un cierge pour protéger sa maison de la foudre ou du farouche anticlérical qui touche du fer à la vue d'un prêtre, si nous hésitons à dire lequel est le plus ridicule, nous savons bien lequel est le moins excusable.

Aussi la véritable émancipation de l'esprit humain ne s'élabore-t-elle point dans les milieux exclusivement anticléricaux. La partie bourgeoise en complète la négation d'une affirmation de conservation sociale destructive d'émancipation. La partie non bourgeoise, préoccupée uniquement de négation, est incapable d'un acte positif, donc d'émancipation, et n'est qu'un instrument de défense et de travail entre les mains de la première.

Les hommes ont compris que la nature du danger que les Eglises constituent pour eux n'est point celle d'un vêtement et d'un mode d'existence, mais bien celle de leurs dogmes, de leurs principes. Ce n'est donc point seulement la puissance politique de l'Eglise catholique qu'il faut attaquer, mais bien surtout la puissance spirituelle de toutes les Eglises. Ainsi se présente la vraie solution du problème à ceux qui veulent sincèrement libérer l'esprit de la substance et de la forme des croyances et des superstitions religieuses. Quand la cause de la puissance spirituelle des Eglises sera anéantie, leur puissance politique, celle de l'Eglise catholique en particulier, sera nulle comme celle d'un roi sans sujets.

L'Etat ne peut appliquer cette solution. Il ne peut agir que par la loi, par l'autorité, par la force. Avec ces agents on asservit des peuples, on annexe des territoires, on ne détruit pas des idées. L'état ne peut terminer une lutte engagée défensivement par la société contre une conception aussi vieille qu'elle-même : « L'Etat n'est point la société, il n'en est qu'une forme historique aussi brutale qu'abstraite » (1). Forme moderne du dogme autorité, s'il peut concurrencer les dogmes religieux, il est aussi impuissant à les détruire qu'un corollaire à infirmer son théorême. Il vient de nous démontrer qu'il est même incapable de triompher des forces politiques qui le protègent.

Il appartient à la société de se libérer elle-même et de dégager l'esprit laïque des oripeaux et du masque de l'anticléricalisme. Elle pourra alors lutter contre des puissances politiques moins résistantes que celle de l'Eglise catholique, mais aussi dangereuses. Des bourgeois clairvoyants prévoient déjà cet effort progressif et se rapprochent de l'Eglise ou ten-

(1) Michel Bakounine, *Dieu et l'Etat*. Œuvres, t. I, page 287.

tent par tous les moyens d'arrêter le mouvement d'émancipation qu'ils ont imprudemment
excité. Des premiers, Vandervelde a dit
excellement : « Il y a certes dans les milieux
intellectuels un certain nombre de jeunes
gens qui, voyant les conséquences logiques
du rationalisme, retournent à l'Eglise, inter-
prètent à leur façon les croyances traditio-
nelles et arrivent ainsi tant bien que mal, et
plutôt mal que bien, à concilier ce qu'ils
savent et ce qu'ils croient » (1). Ces jeunes
intellectuels réussissent à entrainer dans leur
Sillon pas mal de bons esprits que les grossiè-
retés et les erreurs de l'anticléricalisme bourgeois ont révoltés et que charment encore la
prétendue poésie des traditions religieuses.

Quant aux seconds, ils ne pourront demeurer
perpétuellement en état d'équilibre instable
entre un état d'adhésion franche à un idéal
d'intégrale émancipation et une retraite, par
esprit de conservation sociale, vers les conceptions religieuses opportunistes des néo-chré-
tiens.

On aide à l'avènement d'un état des partis
mieux défini en fournissant aux esprits impar-
tiaux des occasions aussi fréquentes que possible d'examiner le problème religieux. C'est
accomplir de bonne besogne que de recueillir
et de vulgariser les données nécessaires à sa
solution. Il est logique d'en examiner d'abord
l'énoncé et de reconnaitre s'il n'est pas inso-
luble ou absurde.

Le P. L. Laberthonnière a fort bien posé

(1) Emile Vandervelde. — Discours d'ouverture du deuxième
Congrès national des Jeunesses Laïques. — 31 octobre 1903.

le problème : « Le besoin d'unité, écrit-il, n'est-il pas un besoin primordial de l'esprit ? En tout cas, dès lors que deux ordres de vérités sont donnés, le problème de leur rapport se pose. C'est là ce qu'on nomme le problème religieux » (1).

L'esprit humain éprouve, en effet, le besoin d'unité des conceptions qui lui sont offertes comme étant les images d'une même réalité. Il est donc naturellement conduit à comparer ces conceptions, à déterminer leur rapport. Un mathématicien, avant de s'employer à résoudre un problème, en examine l'énoncé mot à mot, donnée à donnée, afin de s'assurer s'il ne renferme pas des incomptabilités ou des lacunes.

Notre camarade Félix Gouin adopte cette sage méthode du mathématicien. Il constate qu'il est parlé dans l'énoncé du problème de *deux ordres de vérités*. Il se demande donc d'abord s'il se trouve bien conduit, par le besoin primordial d'unité de son esprit, à comparer des vérités également authentiques, si les propositions religieuses sont bien des vérités ainsi que les propositions scientifiques. Dans cette brochure, il examine seulement la première question.

L'index bibliographique fort détaillé qui la termine (2) nous est une preuve et un sûr

---

(1) P. L. Laberthonnière, de l'Oratoire : *Essais de philosophie religieuse*, page 155.

(2) Cette précaution répond à un désir que nous avons exprimé sous forme d'un vœu adopté à l'unanimité au Congrès national de la Fédération des Jeunesses Laïques qui eut lieu à Tours, en septembre 1905. Nous sommes heureux de le constater.

garant de l'impartialité et du soin avec lesquels notre camarade a effectué cet examen.

Il résulte de ce premier travail que, si l'on peut parler de traditions religieuses dont il est souvent très difficile d'établir la véritable origine historique, il est fort audacieux d'oser attribuer a *priori* à des conceptions quelquefois subtiles, souvent grossières, de la nature en général et de l'homme en particulier, les qualités des vérités. La persistance d'une idée n'établit pas plus sa vérité que l'habitude d'un geste n'en prouve la sagesse. Dès lors le problème ne se pose plus, quelle que soit d'ailleurs la valeur des propositions scientifiques, l'un des termes du rapport étant imaginaire. Il peut retenir l'attention des métaphysiciens, il ne saurait arrêter celle des hommes que les réalités du monde seules intéressent (1).

Ainsi l'exégèse tarit dès la source le flot naissant de l'apologétique. Tout effort de justification des vérités religieuses est vain s'il est établi que ces vérités ne sont pas des vérités, mais seulement des expressions surannées de la conception humaine de la nature, de la morale et de la société. Il devient aussi inutile de résoudre le problème religieux après une telle constatation, que de s'efforcer de résoudre le problème de la quadrature du cercle après la démonstration d'Hermite.

Ce sont les résultats de telles recherches qui, vulgarisés, émanciperont les esprits des idées religieuses d'abord, puis de toutes les puissances d'oppression qu'elles ont engendrées

---

(1) Nous exposons dans une brochure, actuellement en préparation, l'affirmation que nous associons à cette négation.

et soutenues. Car si on accorde quelque succès de curiosité aux œuvres humaines, on n'y sacrifie jamais complètement l'indépendance de sa pensée. L'idée religieuse, réduite à l'état d'opportunité historique, perd toute sa puissance. Elle est aussi intéressante, mais aussi peu dangereuse que le pessimisme hargneux d'Héraclite.

Enfin délivré de cette préoccupation obsédante, l'homme peut utiliser librement sa force intellectuelle à la solution de questions plus opportunes et plus impérieuses. Libéré du rêve autrefois charmeur, aujourd'hui douloureux et oppressif, il peut aller, plein d'une vigueur nouvelle, se nourrir des fruits de la terre, cueillis au passage, le long de la route lumineuse qui conduit à la cité terrestre de Beauté, de Vérité et de Justice.

Guillaume JARDIN.

LA BIBLE

ET

LA MORALE CHRÉTIENNE

AVANT-PROPOS

La loi de Séparation des Eglises et de l'Etat a été votée par nos législateurs on sait à la suite de quelles circonstances. C'est là un des évènements les plus considérables de l'ère moderne : il ouvre la porte à une série incalculable de conséquences.

Notre pays est en effet le premier qui se soit ainsi résolu à lutter énergiquement contre les empiètements du pouvoir religieux sur le pouvoir civil. Le Prince de Bismarck avait bien essayé, il est vrai, de briser la domination romaine en Allemagne, mais après son exclusion du pouvoir par l'empereur Guillaume II, une politique plus souple et plus bienveillante à l'égard du Saint-Siège a remplacé la lutte agressive du Chancelier de Fer. La France est donc la seule des nations continentales qui prenne vigoureusement l'offensive contre le Dogme toujours au service des partis réactionnaires, des forces de conservation et d'immobilisme social !

C'est ce caractère nettement politique qui distingue le Christianisme européen du Christianisme américain.

La Séparation des Eglises et de l'Etat est chose

faite depuis longtemps aux Etats-Unis, où l'on ne vit jamais la religion attiser les querelles des partis, pour en retirer de précieux avantages temporels. Et il semble bien, d'ailleurs, que ce soit là une des causes de décadence du Christianisme, impuissant et décomposé dès qu'il ne sert plus de base aux luttes politiques. Il s'émiette, dès lors, en sectes innombrables, substitue aux dogmes anciens les idées plus modernes de la métaphysique et du symbolisme religieux; ou bien, brisant violemment son enveloppe archaïque, il se borne à préconiser des règles de conduite purement morales.

C'est ce qui apparaît tout au moins dans la libre Amérique, qui fait de plus en plus de la religion une affaire individuelle. n'empiétant point sur les droits de la collectivité : le catholicisme eût été bien inspiré de se maintenir partout dans ce cadre restreint au lieu de chercher à s'imposer en maître, comme il le fait encore, aux gouvernements les plus divers.

Tel a été le cas précisément dans notre pays : le Christianisme issu en tant que corps organisé de l'Empire Romain. dont il cherchait à reconstituer à son profit l'imposante unité, s'est largement immiscé chez nous dans la vie publique du peuple. Il a su s'adapter avec une merveilleuse souplesse qui constitue sa force et qui est l'élément principal de sa durée, aux époques et aux situations les plus variées. Mais au fond de toutes ces transformations, c'est toujours le même esprit qui anime l'Eglise. C'est à la conquête du monde que tendait la religion catholique au Moyen-Age, c'est encore cette conquête qui est la source de ses efforts et de sa propagande actuelle. C'est en vain que l'on représenterait le vrai Dieu, si l'on ne tentait point de courber sous sa férule les esprits orgueilleux et révoltés! Tous les moyens sont bons pour faire rentrer au bercail *ces brebis égarées*, comme dit l'Evangile. Tour à tour, l'on y emploiera la force ou la douceur, l'anathème ou le pardon, et cela nous explique les produits si étrangement dissemblables qui se sont détachés de la souche chrétienne, depuis le doux apôtre Vincent de Paul jusqu'au hideux tortionnaire Torquemada !

La cité moderne ne peut plus tolérer aujourd'hui, sous peine de faillir à sa mission, ces tendances odieuses de l'Eglise Catholique. Elle doit être neutre, parce qu'elle veut être juste, accueillante aux faibles et aux déshérités de la vie, non pas au nom d'une charité vague et impuissante, mais au nom de la solidarité qui unit entre eux tous les membres de la grande famille humaine. Il faut, en effet, faire abstraction de toute préoccupation religieuse, si l'on veut être tolérant et par suite équitable : il est impossible de se hausser à ces vertus si profondément civiques si l'on croit sincèrement, loyalement.

Qu'est-ce, par exemple, la liberté absolue de l'éducation pour un catholique ? C'est tout simplement le droit pour les parents de faire condamner leurs fils aux flammes éternelles, ce qui est inadmissible. Voici, en effet, des ouvrages destructeurs de la foi, qu'ils aient pour auteurs Voltaire, Feuerbach, Strauss ou Renan.

Leur diffusion doit nécessairement perdre des âmes, *chose plus grave encore que la mort des corps*, comme dit Théodore de Bèze après Saint-Augustin. Une société imbue des principes chrétiens pourra-t-elle laisser se consommer ce redoutable forfait ? Il n'en sera rien : coûte que coûte, il faut délivrer les âmes des liens de l'hérésie qui les guettent et empêcher les âmes déjà corrompues de corrompre les autres. De, là, découle tout naturellement et tout théologiquement l'intolérance chrétienne. S'il était besoin d'étayer cette affirmation de preuves indiscutables, nous n'aurions qu'à rappeler le passage bien connu de Saint Augustin, où il nous rapporte les bons résultats de la contrainte en matière religieuse.

« Plusieurs, nous dit-il, ramenés à l'unité du Christianisme par la répression, se réjouissaient fort d'avoir été tirés de leur ancienne erreur, lesquels pourtant, par je ne sais quelle force de la coutume, n'auraient jamais songé à changer en mieux si la crainte des lois n'avait remis leur esprit en présence de la vérité... Il est écrit : *Contraignez d'entrer tous ceux que vous rencontrerez.* Dieu lui-même n'a pas épargné son fils et l'a livré pour nous aux bourreaux ». (Saint Augustin. Epist. CXIII-17-5.)

Un professeur de théologie à la Sorbonne a voulu contester il y a quelques années encore l'intolérance catholique. Il l'a fait de telle façon, que ses paroles peuvent être considérées comme un argument de plus en faveur de notre thèse.

« Ni aujourd'hui, s'est-il écrié, ni jamais, à aucune époque de son histoire, l'Eglise Catholique n'a prétendu imposer la vérité du dehors et par la violence. Tous les grands théologiens ont enseigné que l'acte de foi est un acte volontaire qui présuppose une illumination de l'esprit, *mais ils ont enseigné aussi que la contrainte peut favoriser cette illumination, et surtout préserver les autres du mauvais exemple ou de la contagion des ténèbres* » (1).

Pour être, d'ailleurs, pleinement édifié sur la valeur de ces enseignements théologiques, qu'il nous suffise de rappeler les règles impitoyables fixées par Saint Thomas d'Aquin au sujet des hérétiques.

« C'est un crime bien plus grand, écrit-il, de corrompre la foi dont dépend la vie de l'âme, que d'altérer le monnayage qui sert à la vie du corps.

____

(1) Voir à ce sujet Guyau, *Irréligion de l'avenir.*

Donc, si les faux-monnayeurs sont à juste titre condamnés à mort, il en sera de même à plus forte raison pour les hérétiques ! » (*Saint Thomas d'Aquin. Summæ*, Ch. XI-3-4).

Ces citations suffisent à prouver que le culte catholique, par ce fait seul qu'il estime être la vérité absolue, ne peut admettre aucune contradiction, et c'est en cela qu'il est un puissant facteur de troubles sociaux : à nous de prévenir désormais le réveil de cette farouche intolérance. Aujourd'hui que l'Eglise est définitivement séparée de l'Etat, elle va pouvoir agir en toute liberté sur les âmes pour avoir ensuite les corps. La lutte s'engage encore dans le champ clos de la cité républicaine entre le Dogme et la Raison. Il importe donc que les laïques conscients s'organisent et s'instruisent : la victoire restera à la Science, s'ils savent méthodiquement coordonner leurs efforts.

C'est dans le but de leur être utile que nous éditons cette modeste brochure : les travaux d'exégèse sont, en effet, devenus si considérables et si importants en ces dernières années, qu'il n'est plus permis de les ignorer. Ils ont sapé la religion aux sources mêmes de la vie ; ils ont fait la critique quelquefois acerbe, toujours puissante de la Bible, où l'humanité souffrante, avide de consolations et d'espoirs, avaient cru reconnaître le Verbe Divin, la Parole de Vérité et d'Amour ! L'analyse pénétrante des penseurs modernes a rendu à cette production humblement humaine la place qui lui était due, mais elle a détruit le charme d'antan. Nos illusions sont mortes et les ruines de la merveilleuse légende du Nazaréen jonchent le sol...

Nous ne prétendons point évidemment faire ici une synthèse de tout ce qui a été dit et écrit sur le Livre Saint des Chrétiens ; nous voulons simplement vulgariser et mettre à la portée des intel-

ligences les plus humbles, ce qui est essentiel à
connaître pour détruire les fictions que l'on a tis-
sées autour de lui. Eclairer les masses sur ce que
nous croyons être la vérité, quoi qu'il puisse en
résulter pour nous, tel est notre but. Nous nous
souvenons, en effet, que nous avons cru, nous
aussi, au temps jadis, à la délicieuse histoire du
Christ; nous nous étions endormi, comme tant
d'autres, dans les plis berceurs de la Religion, aux
frissonnements mystiques de l'adolescence. Le
réveil a été cruel, mais la raison fut la plus forte :
ce que l'on va lire est le produit de cette crise
douloureuse qui nous a arraché à l'illusoire Cité
de Dieu pour nous plonger dans la vivante Cité
des Hommes !

CHAPITRE PREMIER

L'ANCIEN TESTAMENT

> La vérité est éternelle, elle ne
> périt jamais, elle vit et grandit
> toujours !
>
> *(Livre d'Esdras.)*

Lorsqu'on se livre à l'étude des différentes religions qui se partagent l'empire du monde, on observe chez elles un phénomène d'ordre absolument général : toutes ont leurs livres sacrés, où s'accumulent les fables et les légendes qui ont bercé les souffrances de l'humanité primitive. C'est ainsi que les Perses eurent le Zend-Avesta, les Indous les Veddas et les Mahométans le Koran. Les chrétiens eux-mêmes possèdent leurs Ecritures Saintes : la Bible, dictée par Dieu lui-même, ainsi que le proclama solennellement et à nouveau le Concile du Vatican tenu à Rome en 1869. Voici à ce propos ce que déclarait la Constitution dogmatique de la Foi catholique formulée à l'occasion de ce Concile :

« Notre Sainte Mère l'Eglise tient que Dieu peut être connu avec certitude par les seules lumières de la Raison humaine, mais qu'il lui a plu de se révéler et de faire connaître ses décrets éternels par des voies surnaturelles. Cette révélation surnaturelle est contenue, ainsi que l'a déclaré le Saint Concile de Trente, dans les livres de l'Ancien et du Nouveau Testament, pris dans l'ordre dans lequel les a énumérés le dit Concile et dans lequel les place la Vulgate ou ancienne version latine. *Ces livres sont sacrés, parce qu'ils ont été écrits sous l'inspiration du Saint-Esprit. Ils ont Dieu même pour auteur et ont été donnés par lui à l'Eglise.* »

Il ne peut donc y avoir aucun doute — suivant l'opinion catholique officielle — sur l'inspiration divine qui a présidé à la rédaction de la Bible. C'est en vain que la nouvelle école chrétienne, mise au courant des progrès de l'Exégèse, essayerait aujourd'hui de se débarrasser du pesant fardeau dont ses théologiens l'ont accablée. Sous peine de voir la foi disparaître et s'effriter en même temps que l'infaillibilité papale, ces croyants obstinés doivent s'incliner devant l'autorité redoutable des Textes bibliques.

Mais tous ceux, au contraire, qui n'admettent pas que la Foi puisse être supérieure à la Raison, ont le droit de s'instruire sur les prétendues vérités que l'Eglise détient dans ses sanctuaires. Ils ont le devoir de vérifier les affirmations chrétiennes et de passer au crible d'une loyale critique leurs erreurs innombrables : le Vrai dans sa nudité est préférable aux plus belles fictions !

La Bible, comme l'indique son nom tiré du grec, est le Livre unique, le Livre par excellence de la chrétienté. Elle se compose de deux parties de valeur et de longueur inégales : l'Ancien et le Nouveau Testament. On a donné le nom d'Ancien Testament à la collection des écrits antérieurs à la venue de Jésus-Christ sur la terre, et le nom de Nouveau Testament à ceux qui lui sont postérieurs. Occupons-nous d'abord de l'Ancien Testament.

Celui-ci n'est autre chose que l'histoire plus ou moins légendaire des Juifs depuis la création du monde jusqu'à la naissance de celui que les chrétiens ont appelé le Messie. L'Ancien Testament se compose de nombreux récits, de sources diverses et dont chacun porte un nom particulier. Citons notamment le Pentateuque, composé de cinq parties différentes : la Genèse, l'Exode, le Lévitique, les Nombres et le Deutéronome, vaste monument qui nous éclaire sur les origines d'Israël, sur sa législation et ses mœurs. N'oublions pas de mentionner aussi les livres de Josué, des Juges, de Ruth, d'Esdras, d'Isaïe, de Baruch, etc., etc. Cela forme un ensemble de 44 ouvrages confus et contradictoires, où la poésie et le fabuleux voisinent à côté de préceptes de morale et d'hygiène, entremêlés de visions et de délires prophétiques d'un caractère bien oriental. La science exégétique a essayé dans le courant du xixᵉ siècle de découvrir les auteurs de ce fatras de textes. Ce n'est qu'au prix de longues années d'études qu'on a pu réussir à en retrouver quelques-uns et à démontrer l'authenticité de ces découvertes. Mais la plupart des livres de l'Ancien Testament sont l'œuvre de prêtres totalement inconnus qui se sont emparés sans scrupule des noms de prophètes et de personnages illustres en Judée, pour faire appliquer, à la faveur de l'autorité de ces grands hommes, leurs propres idées et leurs propres enseignements. Ces auteurs anonymes n'ont pas hésité, dans leurs fraudes pieuses, sans conséquence à cette époque, à travestir l'histoire pour illustrer et mettre en valeur leurs théories. C'est ce qui nous explique les absurdités et les erreurs qui abondent dans les Livres Saints (1).

C'est ainsi que le Pentateuque a toujours été considéré par les pères de l'Eglise et par l'Eglise elle-même comme l'œuvre de Moïse, écrite sous

(1) Edouard Dujardin, *La source du Fleuve Chrétien.*

la dictée de Dieu (1). Cette opinion est manifestement erronnée. Voltaire, dans son *Dictionnaire Philosophique*, a réuni les objections du XVIIIe siècle contre l'existence même de Moïse, déjà niée par Huet, évêque d'Avranches, dans ses *Dissertations sur diverses matières de religion et de philosophie.*

Au XVIIe siècle, les travaux de Hobbes, de Spinoza, de Richard Simon contre l'authenticité du livre et de l'existence de Moïse avaient soulevé la colère de Bossuet, peu endurant de sa nature, car voici ce qu'il écrivait pour confondre ces critiques dans son *Discours sur l'histoire universelle :*

« Puisque de nos jours on a bien osé publier, dans toutes sortes de langues, des livres contre l'Ecriture, il ne faut point dissimuler ce qu'on dit pour décrier ses antiquités. Que dit-on donc pour autoriser la supposition du Pentateuque ? Et que peut-on objecter à une tradition de 3.000 ans soutenue par ses propres forces et par la suite des choses ? Rien de suivi, de positif, d'important. Des chicanes sur des nombres, des lieux et des noms ».

Il est évidemment plus aisé de dédaigner les objections sérieuses que d'y répondre et, en effet, il eut été difficile à l'Aigle de Meaux lui-même d'anéantir les travaux remarquables qui sapaient par la base l'autorité du Pentateuque. Les différents livres dont il est composé font effectivement allusion à des faits qui ne se sont produits qu'après l'établissement d'une monarchie juive, plusieurs siècles après la mort de Moïse par conséquent. C'est à l'époque de Jéroboam, peut-être même aux dernières années du règne de Salomon, qu'il convient de rapporter par exemple

(1) Voir à ce propos *Précis d'Histoire Sainte*, par F. T. D., ouvrage approuvé, 2e édition. Imprimerie Vitte et Pérussel.

la composition que l'auteur de la Genèse (fausse-
ment attribuée à Moïse) a placé dans la bouche
de Jacob à son lit de mort, et généralement
connue sous le nom de la Bénédiction de Jacob (1).
Comment pouvoir admettre, d'autre part, qu'un
auteur puisse décrire par le menu sa propre
mort et son enterrement ? C'est là le tour de force
que l'on fait cependant accomplir à Moïse. lorsque
l'orthodoxie chrétienne lui attribue la paternité
du Pentateuque ! (*Deutéronome*, Chap. XXXIV).

Ce serait, d'ailleurs, une tâche au dessus de nos
forces que d'énumérer les confusions et les mé-
prises de ce genre contenues dans l'Ancien Testament. Qu'il nous suffise d'en citer quelques-unes,
pour démontrer le peu de valeur historique que
l'on doit attacher à ces antiques récits.

D'après l'Exode, qui nous rapporte la fuite du
peuple juif hors de l'Égypte, les Hébreux auraient
été mécontents d'avoir à construire, comme équi-
valent des impôts qui pesaient sur eux. les villes
de Pitom et de Ramsès (*Exode*, I. II). C'est pour
échapper à cette humiliante corvée qu'ils se
seraient soustraits à la domination de leurs vain-
queurs. Or, le pharaon qui commença le premier
à persécuter ainsi les Juifs fut Ramsès II, et les
villes dont la construction, d'après l'auteur inspiré, fut la cause initiale de la fuite d'Egypte,
existaient déjà du temps de Seti Ier. père de
Ramsès II ! (2)

Les Nombres, sorte de recensement général de
la nation juive à sa sortie des provinces nilotiques,
sont assurément le produit d'une imagination déli-
rante. Jamais Israël n'a pu mettre en ligne le
total prodigieux de guerriers dont parle l'écrivain
sacré, même au temps de sa splendeur (3).

(1) Land, *Disputatio de Carmine Jacobi*.
(2) Tièle, *Histoire comparée des Anciennes Religions Sémitiques*.
(3) Elysée Reclus, *L'homme et la terre* (tome 2).

L'Ancien Testament nous donne aussi des renseignements très contradictoires au sujet de l'élévation de Saül au trône : il est difficile de se faire une opinion exacte sur cette partie si importante de l'histoire de la Judée. (*Samuel*, I, Chap. VIII, IX. X, XI.)

Le récit de la captivité et de la conversion de Manassé dans le livre des Chroniques est complètement apocryphe. L'absence de toute mention d'une expédition contre Juda dans les monuments assyriens — expédition relatée dans la Bible — alors qu'ils rappellent des expéditions faites à la même époque contre les Philistins, les Phéniciens, les Egyptiens et en Ethiopie, achève d'enlever toute vraisemblance à ce récit (1).

Il est hors de doute aujourd'hui parmi les critiques, pour qui la Bible est non un livre sacré, mais un livre pseudo-historique, que les prophètes dont elle parle n'ont jamais existé. L'Hexateuque, qui est le corps des institutions judaïques, embrassant toute l'histoire juive classique, n'en parle jamais et ignore complètement le prophétisme en tant qu'institution établie. Le prophétisme n'était qu'une fiction littéraire dont se sont servis les prêtres juifs pour présenter sous une forme saisissante leurs avertissements dogmatiques. Le premier livre des Macchabées établit, d'ailleurs, d'une façon formelle qu'à l'époque où il a été écrit, non seulement on ne voyait plus de prophètes, mais qu'on n'en connaissait plus depuis longtemps. (*Macchabées*, I, IV, 46 ; IX, 27 et 54 ; XIV, 41) (2).

Les incertitudes et les erreurs que nous venons de signaler sont donc déjà fort surprenantes pour des textes issus de Dieu et destinés à demeurer éternellement la base de la foi, le pilier de la

____

(1) Tièle, *Histoire comparée des Anciennes Religions Sémitiques.*

(2) Edouard Dujardin, *La source du fleuve chrétien.*

croyance ; malheureusement les péripéties qu'a traversé l'Ancien Testament ne sont pas faites pour augmenter notre confiance à son égard. On ne peut que douter, lorsque l'on en prend connaissance, de l'authenticité des Ecritures Sacrées, que leur origine miraculeuse n'a pas mises à l'abri des vicissitudes humaines ! En ce qui concerne l'ouvrage principal de l'Ancien Testament, le Pentateuque, il est probable qu'il n'a pu en être conservé aucun exemplaire pendant la captivité de Babylone, qui dura 70 ans. Telle est, du moins, l'avis de trois théologiens réputés : Irénée, Eusèbe et Clément d'Alexandrie. D'après l'opinion générale, ce serait un nommé Esdras, qui, ainsi qu'il nous le dit lui-même (*Esdras*, II, 14), aurait reconstitué ces livres en 40 jours, aidé de cinq autres personnes. La critique impartiale est obligée d'avouer que c'est là une garantie plutôt douteuse pour des textes que l'on continue cependant à révérer comme divins !

L'Ancien Testament n'apparaît constitué en sa forme définitive que dans la Version des Septante, effectuée vers le IIe siècle avant Jésus-Christ, c'est-à-dire plus de 1400 ans après la mort de Moïse. Quelle est l'importance des altérations et des pertes qui ont dû se produire nécessairement dans les manuscrits primitifs au cours de ces époques troublées ? L'exégèse n'en sait rien de précis. La Version des Septante a, d'ailleurs, subi elle-même bien des remaniements, telle la traduction latine qu'en fit Saint Jérôme en l'an 400 de notre ère, et qui fut admise par le Concile de Trente, après de nombreuses corrections (plus de 2000, dit-on) imposées par le pape Clément VIII ! Cela seul suffit à démontrer la fragilité de ces écrits que l'on voudrait soustraire à toute atteinte profane. Nous ne pouvons donc admettre que Dieu n'offre à l'homme de bonne volonté, en témoignage d'une Révélation Surnaturelle, que des textes apocryphes, sans auteurs précis, sans authenticité incontestable.

Mais ce qui témoigne par dessus tout que ces textes sacrés émanés du Tout-Puissant sont des productions simplement humaines, c'est que l'on retrouve chez les peuples voisins d'Israël les principaux mythes du Pentateuque. La légende de la construction de la tour de Babel, interrompue par Dieu, est originaire de la Mésopotamie.

Elle n'est autre chose que la croyance populaire qui s'était formée en rapport avec ce grand temple de Barsippa près de Babylone, inachevé depuis des siècles et que le grand roi restaura et acheva. L'histoire du Déluge a la même origine et on l'a découverte en Mésotopamie, gravée sur des tablettes d'argile issues des fouilles archéologiques pratiquées sur l'ancien emplacement de Babylone (1). Chose curieuse : tous les peuples habitués à des inondations possèdent ce mythe dans leurs récits sacrés ; seuls, ceux qui ne connaissent point ce péril l'ignorent totalement, comme les peuplades montagnardes de la Cordillière des Andes en Amérique.

Il n'est pas douteux aussi que le Jardin d'Eden avec l'arbre de vie. les chérubins préposés à sa garde (littéralement Kéroubim : griffons ailés), le péché d'Adam et d'Eve aient été empruntés aux Perses.

« Meschia et Meschiane, nous dit en effet le Zend-Avesta (la Parole Vivante), le livre sacré des Perses, étaient d'abord purs, ils plaisaient à Ormuzd, le Dieu bon.

« Ahriman, le Diable, jaloux de leur bonheur, les aborda sous la forme d'une couleuvre, leur présenta des fruits et leur persuada qu'il était l'auteur de l'Univers. Ils le crurent et devinrent

(1) Tièle, *Histoire comparée des anciennes religions sémitiques*. — Reclus, *L'Homme et la Terre*.

ses esclaves ; leur nature fut dès lors corrompue et cette corruption infesta leur postérité ».

On trouve chez les Assyriens une version de cet événement analogue à celle de la Bible (1).

Les descriptions par lesquelles les prophètes ont exprimé la majesté de Yahveh, le Dieu de l'Ancien Testament, reposent sur des mythes de la nature. Tous les traits sous lesquels les autres mythologies représentent leur Dieu du tonnerre se retrouvent dans l'image que les écrivains hébreux tracent de Yahveh. Ce caractère est nettement reconnaissable dans les visions d'Esaïe ou d'Ezéchiel.

Dans le Psaume XVIII, il est dit que la fumée sort de ses narines et le feu de sa bouche ; dans le VIIe il est parlé de son arc sur lequel il place ses flèches pour détruire. On voit donc combien à l'origine la conception de la divinité est anthropomorphique, caractère commun à toutes les théodicées primitives.

C'est ainsi que l'Ancien Testament se trouve ramené à sa juste valeur. Les critiques que nous en avons présentées et les comparaisons avec les autres Ecritures sacrées nous empêchent désormais d'y découvrir un caractère transcendantal. Les erreurs, les invraisemblances, les obscurités, les croyances grossières y abondent, sort habituel à toutes les productions humaines aussi éloignées de nous que la Bible. Ce que le monde a longtemps considéré comme la révélation surnaturelle de Dieu n'est qu'une histoire incomplète et souvent erronée de la théocratie juive. Son étude échappe donc aux mains malhonnêtes et intéressées des théologiens. pour rester à la science impartiale et sereine.

____

(1) Vinson, *Les religions actuelles.* Sabatier, *Esquisse d'une philosophie de la religion.*

CHAPITRE II

LE NOUVEAU TESTAMENT

*Cognoscetis veritatem et veritas
liberavit vos.* Vous connaissez la
vérité et la vérité vous a délivré.
(Marc. *Evangiles.*)

Le canon du Nouveau-Testament qui se rapporte aux évènements postérieurs à la venue du Christ sur la terre, comprend les Quatre Evangiles de Mathieu, Marc, Luc et Jean, les Actes des Apôtres attribués à Saint Luc, quatorze épîtres de Saint Paul, une de Saint Jacques, deux de Saint Pierre, trois de Saint Jean, une de Saint Jude et l'Apocalypse. Il n'a été fixé définitivement en Occident qu'au commencement du v⁰ siècle, vers 405, après de longs tâtonnements et de vives controverses (1). Les ouvrages les plus importants qu'il renferme sont évidemment les Quatre Evangiles, où sont contenus tout ce que nous savons sur la vie et la doctrine du fondateur du Christianisme. Notons aussitôt combien ces renseignements sont diffus et contradictoires : nous connaissons beaucoup mieux la vie de Socrate, antérieure à celle du Christ, que la vie du Messie lui-même, et cependant ni l'un ni l'autre n'ont laissé d'écrits. Cela

(1) Peyrat, *Histoire élémentaire et critique de Jésus.*

tient à la différence de culture qui séparait l'esprit grec de l'esprit judaïque, le premier méthodique et plein de clarté scientifique, le second, au contraire, nébuleux, dénué du sens de l'histoire.

Il ne faudrait point cependant attribuer à la rareté des écrits qui se sont occupés de Jésus-Christ le peu de choses que nous pouvons en apprendre. Il y a eu à un moment donné, et un savant homme s'est donné la peine de les collationner, cinquante évangiles, non compris les quatre qui sont à l'heure actuelle considérés comme seuls authentiques (1). C'étaient entre autres le Protévangile, l'Evangile de l'enfance de Jésus, l'Evangile de la Nativité de Marie, l'Evangile de Thomas, l'Evangile des Hébreux, l'Evangile de Nicodème. Dans la multitude de ces ouvrages, quatre ont été reconnus comme véridiques par les pères de l'Eglise, mais on n'a jamais indiqué à la suite de quels procédés et de quelles recherches on a ainsi « séparé le bon grain de l'ivraie ». Cette remarque est d'une gravité considérable pour la valeur des Evangiles restants, surtout si l'on songe que Celse écrivait « *que les Chrétiens avaient l'habitude de remanier sans cesse leurs Evangiles, et de rétracter le lendemain ce qu'ils avaient avancé la veille* » (2).

Le pape Damase avait été tellement frappé des incertitudes et des contradictions qui caractérisent les écrits évangéliques qu'il chargea Saint Jérome, vers le iv⁰ siècle de notre ère, de les corriger et de les mettre d'accord. Le savant théologien déclarait, d'ailleurs, lui-même dans la

(1) Fabricius, *Codex apocryphus. Novi Testamenti.*
(2) Origène, *Contra Celsæ*, lib. II. *Celse*, philosophe païen qui vivait au iiᵉ siècle de notre ère. Il avait écrit une biographie critique de Jésus-Christ. Son œuvre intitulée le « Discours de Vérité » a été détruite par l'Eglise. Nous ne la connaissons que par le théologien Origène qui a essayé de la réfuter.

préface de son œuvre « *qu'il y a presque autant de versions différentes de l'Evangile que d'exemplaires : Tot enim sunt exemplaria pœne quot codices* ». (Prœfa. in Evang. ad Damas).

Le travail d'unification entrepris par Saint Jérome n'a pas empêché Mill, dans sa célèbre édition du *Nouveau Testament*, d'y relever trente mille variantes : Toutes n'ont pas évidemment la même valeur, mais beaucoup d'entre elles sont susceptibles de modifier et de transformer le sens de ces narrations naïves. On voit donc, après ces quelques remarques préliminaires, quelle créance peuvent avoir auprès de gens prévenus et de cerveau normal les quatre Evangiles actuellement connus. Nous allons néanmoins essayer de dégager en eux, malgré le peu de sûreté et d'authenticité qu'ils nous offrent, la vraie physionomie du Christ, dépouillée des embellissements de la légende et des erreurs que le zèle pieux des premiers croyants a accumulés sur elle. Avant d'entrer dans l'analyse des récits évangéliques, indiquons pourquoi il n'en existe que quatre d'après l'autorité vénérable de Saint Irénée et de Saint Cyprien.

« Il n'y a que quatre évangiles, nous dit Saint Irénée, que parce qu'il n'y a que quatre vertus et quatre points cardinaux ». (*Irénée*, Adv. Hœr, lib. III, cap. II et XI.)

Saint Cyprien reproduit sous une autre forme cet argument : « Il existe quatre évangiles parce qu'il y a quatre fleuves dans le Paradis Terrestre. » (*Cyprien*, Epist. LXXXIII.)

Ces doctes raisonnements se passent de commentaires !

Parmi les quatre évangélistes, deux, Marc et Luc, n'ont point connu Jésus et ont écrit loin de la Palestine : On comprendrait donc qu'il n'y eut point dans leur récit une parfaite conformité. Mais Mathieu et Jean, par contre, sont deux apôtres qui n'ont pas quitté le Christ, qui l'ont suivi dans sa merveilleuse carrière : ils devraient, par conséquent, être d'accord sur chacun de ses gestes (1).

Nous verrons, au contraire, qu'il n'en est rien.

De l'enfance et de la jeunesse du Messie, il n'y a en somme que deux ou trois points que l'on peut considérer comme historiques.

Le premier, c'est que Jésus était originaire de la province de Galilée et de la petite ville de Nazareth. Il s'est appelé toute sa vie Jésus le Galiléen, Jésus de Nazareth. (*Mathieu*, XXVI, 69, 71 ; *Marc*, I, 24 ; XIV, 67 ; *Luc*, XVIII, 37 ; *Jean*, I, 46 ; VII, 41 ; XIX, 20).

La dernière désignation lui survit et passe à ses disciples et sectateurs (*Actes*, XXIV, 5). Mathieu et Luc ont seuls parlé de la naissance de Jésus et Mathieu s'est borné à dire — sans autre explication et contre toute vraisemblance — qu'il vit le jour à Bethléem. Luc est entré malheureusement dans des détails qui soulèvent de fortes objections.

Ce n'aurait été que pour obéir à un édit de César-Auguste, qui ordonnait qu'il fut fait un recensement universel *ut describeretur universus orbis*, que Joseph se serait rendu de Nazareth à Bethléem, avec sa femme Marie. Celle-ci, prise des douleurs de l'enfantement, aurait accouché de l'enfant Dieu dans une étable, toutes les hôtelleries regorgeant de monde. La prophétie qui faisait naître le Sauveur du monde à Bethléem était ainsi réalisée. Or, si Suétone, l'historien romain, parle de trois dénombrements, aucun d'entre eux ne correspond à celui dont il s'agit dans le troisième évangile (*Suétone*, ch. XXVII). Le premier eut lieu l'an 726 de Rome, le deuxième l'an 740, le

_____

(1) **Peyrat,** *Histoire élémentaire et critique de Jésus.*

troisième l'an 727, c'est-à-dire 24 ans et 10 ans avant la naissance de Jésus, et le troisième 17 ans après !

En deuxième lieu, il y a toute apparence que le père de Jésus était charpentier et que le Christ était né dans une classe inférieure. Au dire des Evangiles (*Mathieu*, XIII, 55 ; *Marc*, VI, 15), ses compatriotes de Nazareth l'appelaient le fils du charpentier, ou plus simplement le charpentier.

Enfin, dernier point dont on soit sûr, Jésus avait des frères et des sœurs (*Mathieu*, XIII, 55 ; *Marc*, VI, 3). Ses frères s'appellent Jacques, Joseph, Simon et Jude ; quant à ses sœurs, elles habitaient encore Nazareth à l'époque où Jésus enseignait (1). On se demande ce que devient en présence de ces faits le dogme de la Virginité de Marie : il est vrai que ni Marc ni Jean ne parlent de cette croyance qui n'existait pas à leur époque, comme tant d'autres que le Catholicisme a depuis lors imposées à ses fidèles. Le premier document où il en soit parlé est effectivement l'Epître de Saint Ignace aux Ephésiens, l'an 107 après Jésus-Christ ! Le christianisme, comme les autres religions, a tenu à posséder sa légende de la vierge-mère. C'est ainsi que dans la cosmogonie chinoise, Loui-tzu, mère de Chao-Hao, devient grosse à l'aspect d'une étoile. Jezeus-Christna, le prédécesseur indou de Jésus, était né lui aussi de la vierge Devanaguy. C'est encore une vierge qui avait donné naissance à Mithra, dieu des perses, et à Horus, dieu égyptien.

Une divinité scandinave, Heimdall, fit encore mieux les choses et naquit de neuf vierges fécondées par un Dieu !

La date exacte de la naissance du fondateur de la religion chrétienne est inconnue, l'Eglise a longtemps célébré celle-ci le 6 janvier et ce n'est

(1) Strauss, *Nouvelle vie de Jésus*.

qu'en 375 que Saint Jean Chrysostome parle de l'établissement de la fête de la Nativité au 25 décembre comme d'un usage nouveau, importé d'Orient. Vers le vi⁰ siècle, cet usage devint général, ce qui s'explique par les concessions que les Chrétiens durent faire aux populations récemment converties. Elles passèrent au Christianisme, dit Beugnot, « avec le bagage de leurs croyances et de leurs pratiques superstitieuses » (1).

Joseph et Marie seraient restés 33 jours dans l'étable de Bethléem ; ce laps de temps écoulé, que font-ils et où vont-ils ? Ici Luc et Mathieu sont en flagrante opposition. D'après Mathieu, des Mages, conduits par une miraculeuse étoile, viennent adorer le Messie, puis Joseph et Marie fuient en Egypte. Ceci pour éviter la colère d'Hérode, qui tremble d'être détrôné par le nouveau roi des Juifs dont les princes orientaux lui ont annoncé la venue sur la terre. Luc ne sait rien de ces événements extraordinaires et, d'après lui, Joseph et Marie, après avoir circoncis Jésus huit jours après sa naissance, vont à Jérusalem où Jésus est présenté au Temple (2). Nous n'avons pas besoin de démontrer longuement que l'adoration des Mages et le massacre des Innocents sont des récits entièrement légendaires et controuvés par les faits : Josèphe, l'historien juif, n'en souffle mot. Il en est de même pour les généalogies fantaisistes qui ont été attribuées à Jésus par Luc et Mathieu pour établir qu'il descendait de David (*Luc*, III ; *Mathieu*, I). Quoique dictées, selon l'Eglise, par le Saint-Esprit, ces deux généalogies ne concordent pas. Mathieu donne pour père à Joseph un nommé Jacob, tandis que

(1) Beugnot, *Histoire de la destruction du paganisme en Occident* (tome II).
(2) Peyrat, *Histoire élémentaire et critique de Jésus.*

Luc l'appelle Héli. De plus, d'après Mathieu, il y eut depuis Abraham jusqu'à Jésus, 42 générations. Or, si l'on compte bien, le total, Jésus compris, sera 41 et non 42. Si l'on pousse plus loin les recherches en comparant les évangélistes aux nomenclatures de l'Ancien Testament, la conciliation devient de plus en plus difficile. En résumé, l'enfance de Jésus est si obscure que l'on peut dire qu'elle se borne à presque rien de précis : il n'entre véritablement dans l'histoire qu'au moment où il va recevoir le baptême de Jean, sur les bords du Jourdain.

Frappés de cette anomalie et des objections fâcheuses qu'elle provoquait, les auteurs des Evangiles apocryphes avaient imaginé des récits de l'enfance du Christ, remplis de prodiges ridicules et que l'Eglise a rejetés prudemment, dans la crainte de mettre par trop à la torture la raison humaine. On y voyait Jésus tout enfant domptant des dragons, suivi par des lions et des léopards, faisant des oiseaux avec de la boue, ressuscitant un poisson desséché, plantant en terre trois batons qui sur le champ se couvrent de feuilles et de fruits, etc. (1).

Quoi qu'il en soit, au moment où le Christ commence son apostolat, il y avait en Judée un anachorète déjà célèbre par ses vertus et sa piété, Jean-Baptiste, du parti des Zélateurs, qui voulaient détruire l'influence des Pharisiens et arracher la Judée aux étrangers. Au milieu des maux sans nombre qui pesaient sur Israël, ces fougueux apôtres évoquaient les visions des anciens prophètes qui promettaient qu'un libérateur viendrait un jour régénérer les Juifs. « Il viendra juger le pauvre avec douceur, récompenser le juste, exterminer l'impie » (*Isaïe*, XI, 4). Faisant écho à ces douleurs, Jean-Baptiste entraînait

___

(1) Peyrat, *Histoire élémentaire et critique de Jésus.*

après lui les populations et les baptisait dans les eaux du Jourdain. Jésus, encore inconnu, attiré par la renommée aux cent bouches, accourut aussi vers Jean-Baptiste et reçut le baptême : les contradictions des évangélistes recommencent aussitôt; Jean déclare que Jésus après avoir été baptisé retourna en Galilée (*Jean*, I, 43). Les synoptiques (1), au contraire, déclarent que Jésus, après ce sacrement, se retira dans le désert pendant 40 jours, à l'expiration desquels il apprit l'arrestation de Jean-Baptiste. C'est alors seulement qu'il se serait rendu en Galilée : l'assertion du quatrième évangile nous paraît néanmoins la plus plausible. La prédication du Christ autour du lac de Tibériade fut bientôt entourée de prodiges miraculeux habituels à tous les réformateurs et à tous les prophètes israélites. Avant lui par exemple, Elie aurait rappelé à la vie le fils de la veuve de Sarepta (*Rois*, I, 17) et le prophète Elysée, le fils de la Sulamite (*Rois*, II, 4). Ces miracles se seraient même continués après la mort du Messie : Paul ressuscita un de ses auditeurs, qui, endormi par son éloquence, s'était laissé tomber de la salle où il se trouvait. Saint Pierre ranima la veuve Tabitha (*Actes des Apôtres*, 20, 9), Saint Benoît fit revivre un mort, et Saint Martin, exemple insigne de piété filiale, son propre père ! Regrettons seulement que cette série d'événements surnaturels ne se renouvelle plus aujourd'hui pour l'édification des fidèles et la confusion des impies !

Mais comment expliquer les miracles du Christ ? Il y a deux façons de le faire : on peut prendre les textes dans le sens allégorique, et alors que devient en ce cas le merveilleux ? On peut les prendre dans le sens littéral, et l'on se heurte à

---

(1) On appelle ainsi les évangiles de Marc, Luc et Mathieu, qui ont entre eux beaucoup de points communs.

des difficultés insolubles. Les pères de l'Eglise adoptent généralement l'interprétation allégorique, dont l'examen serait beaucoup trop complexe pour le cadre restreint de cette brochure. Nous nous bornerons donc à quelques remarques générales sur ces incidents légendaires de la vie de Jésus.

Jamais fondateur de religion ne s'enveloppa de plus de mystères que celui-ci pour multiplier les miracles, signes non équivoques de toute puissance. Les Pharisiens mettent le Christ deux fois en demeure d'opérer un prodige : par deux fois il s'y refuse (*Mathieu*, XII, 38 ; XVI, 1). Il recommande souvent à ses disciples de ne jamais parler de ces miracles et de ne pas dire qu'il était le Christ (*Marc*, I, 43 ; V, 43 ; VII, 36 ; IX, 9 ; III, 12 ; VIII, 3o. — *Luc*, V, 14. — *Mathieu*, XVII, 9 ; XVI, 2o ; XII, 16). Il y a là des craintes, des hésitations, une clandestinité voulue qui n'ont qu'une ressemblance très vague, il faut l'avouer, avec l'attitude superbe qui eût convenu à un Dieu rédempteur du genre humain, et se sacrifiant pour lui. Les évangélistes avouent d'ailleurs ingénument qu'il ne pouvait faire que peu ou point de miracles en présence des incrédules et surtout de ses compatriotes, les Nazaréens. Voici en effet ce qu'ils disent :

« Nul n'est prophète dans son pays ». (*Mathieu*, XIII, 57).

« Un prophète n'est méprisé que dans son pays, parmi ses parents et ceux de sa famille ». (*Marc*, VI, 4).

« Et il ne fit que peu de miracles à cause de leur incrédulité ». (*Mathieu*, XIII, 58).

« Et il ne fit là aucun miracle, si ce n'est qu'il guérit quelques malades en leur imposant les mains ». (*Marc*, VI, 5).

Tout contrôle rigoureux de l'authenticité de ces événements fait défaut : un prodige quelconque raconté par un témoin naïf et qui a la foi est sujet à caution, surtout lorsque le narrateur n'a pas assisté en personne à l'aventure. D'autre part, comme il s'agit ici de preuves directes et tangibles que Jésus-Christ donne de sa divinité, les évangélistes devraient être d'accord sur leur nombre et sur leurs différentes phases. Des choses aussi étonnantes doivent éternellement demeurer gravées dans la mémoire de ceux qui ont eu le rare privilège d'en être les témoins immédiats. Or, indépendamment des prodiges mentionnés en bloc. les évangélistes racontent distinctement 33 miracles, mais aucun d'entre eux ne les connaît tous. Mathieu et Luc en comptent 22, Marc 19 et Jean 9 seulement, ce qui fait au moins 12 miracles éclatants qu'il ignore. A cette diversité du nombre s'ajoute la diversité du récit : même lorsqu'il leur arrive de parler du même fait, les apôtres diffèrent si complètement quant aux personnes, aux lieux, aux circonstances, que ce même fait n'a pas la même physionomie (1).

Ceux qui tiennent d'ailleurs à l'intervention du surnaturel ne savent jamais si c'est à Dieu ou au Diable qu'il convient de l'attribuer. Les Écritures nous racontent que Dosithée, Simon le Magicien, Appolonius de Thyane accomplissaient des miracles pour induire en erreur les enfants des hommes. Toutes les religions ayant eu aussi leurs prodiges, nous ne croyons pas que ce soit dans l'accomplissement de ces actes merveilleux qu'il faille chercher le criterium de la Foi. Enfin n'oublions point — et c'est là un fait capital à notre avis — que tous les miracles dont parlent les Evangélistes n'ont même pas convaincu (s'ils se sont réellement accomplis) les contemporains du Christ !

(1) Voir Peyrat, *Histoire élémentaire et critique de Jésus ;* Larroque, *Examen critique.*

Ces critiques nous permettent d'approcher du dénouement prochain : Jésus se décide, après de longues hésitations qui trahissent une nature humaine, à aller prêcher à Jérusalem. Il chasse les vendeurs du temple en un accès d'indignation et de colère, il excite contre lui, par ses violences de langage, la haine des Pharisiens qui le font arrêter au Mont des Oliviers, après une nuit passée dans la prière et dans les larmes. Ayant déclaré qu'il était le Messie, dans l'exaltation du rôle qu'il s'attribue en ces circonstances tragiques, Jésus fut crucifié sur le Golgotha. On raconte alors que les Princes des prêtres lui tinrent ce langage : « Si tu es le fils de Dieu, sauve-toi, sauve-nous, descends de la croix et nous croirons en toi ». Si à ce moment, comme le disent tous les historiens juifs, Jésus se détachant de la croix se fut élevé dans les airs et montré dans l'éclat de sa majesté divine à ses bourreaux, quel coup de foudre, quelle irrésistible démonstration ! Le monde était désormais chrétien : plus de luttes intestines, plus de blasphémateurs, plus de haines : la vérité aurait illuminé tous les cœurs, à jamais harmonieusement unis ! Au lieu de ce miracle qui rendait tous les autres inutiles, on nous en raconte qui se seraient produits à la mort du Sauveur et qui sont tout aussi impossibles que celui que les Juifs demandaient au Christ agonisant.

La terre tremble, des morts ressucitent, de profondes ténèbres couvrent la terre lorsque Jésus rend le dernier soupir : personne à Jérusalem n'a connaissance de ces prodiges et l'impiété continue à y régner paisiblement. Tout est consommé par le récit de la Résurrection, rempli de contradictions et d'impossibilités. Marc, Luc et Jean ne parlent en effet à ce propos, ni du tremblement de terre précédant l'ouverture du Sépulcre du Messie, ni de l'ange qui effectue cette opération. Dans le premier évangile, deux femmes vont au sépulcre, dans le deuxième, trois, dans le troisième, plus de quatre, dans le quatrième, une seule. Le chapitre tout entier qui s'occupe de la Résurrection n'a d'ailleurs que des contours vagues et nébuleux. Les apôtres, que la mort de Jésus a confondus, refusent d'abord obstinément d'y croire ; mais ils réfléchissent que cela répare tout, simplifie tout, tranche toutes les difficultés : ils n'hésitent plus. Dans leurs discussions avec les Juifs, ils s'exaltent. S'exalter en pareil cas, c'est se convaincre : ils se persuadent, ils ont vu, ils le croient, l'affirment et le font croire. Telle est l'évolution et la fixation de la légende (1).

Il nous reste, avant d'en finir avec ce chapitre, un point délicat à éclaircir. Jésus fut d'abord pour le peuple un prophète, ce n'est que plus tard qu'il fut pour les siens le Christ ou le Messie. Mais lui-même, comment se considéra-t-il en réalité ? « C'est là un problème de critique dont la solution repose sur la valeur historique du quatrième évangile, que l'on regarde aujourd'hui généralement comme une composition libre, sans authenticité (2). Il ne reste donc plus en ce cas qu'à examiner les Synoptiques. Nous constatons alors que Jésus s'est toujours regardé comme un enfant de Nazareth (*Mathieu*, XIII, 54 ; *Luc*, IV, 24), et qu'il n'eut jamais la prétention de descendre de David. S'il n'a pas toujours repoussé le titre de Messie, la scène de la confession de Pierre prouve qu'il ne s'adjugeait pas ce titre de son propre mouvement (*Mathieu*, XVI, 13). Lui-même s'appela toujours le Fils de l'Homme, et dans les trois premiers évangiles, il s'humilie toujours profondément devant Dieu. Il est tenté,

(1) Voir Strauss, *Nouvelle vie de Jésus* ; Dide, *La fin des religions* ; Larroque, *Examen critique*.
(2) Loisy, *L'Evangile et l'Eglise*.

il prie, il souffre, il pleure, il repousse la qualification de bon pour la réserver au Père seul (*Marc*, X, 18) ; il déclare qu'il ignore des choses que Dieu seul connaît (*Marc*, XIII, 32) ; il soumet sa volonté malgré des résistances dont il a peine à triompher à celle du Créateur (*Mathieu*, XXVI, 36, 44).

De toutes les paroles attribuées par les Evangiles à Jésus, deux seulement pourraient donner lieu à penser qu'il se serait attribué le nom de Fils de Dieu, c'est d'abord dans *Marc* (XIII, 32), une phrase qui a l'air d'être une addition de copistes et que plusieurs manuscrits omettent. Ce sont ensuite les passages de *Mathieu* (XI, 27) et de *Luc* (X, 22), qui brisent étrangement le fil du discours et ressemblent à une formule rythmée. On conviendra que ce ne sont pas deux paroles isolées et suspectes qui peuvent militer contre la lettre et l'esprit d'une masse de déclarations concordantes et contraires » (1). Il est donc établi aujourd'hui que le dogme de la divinité de Jésus est d'origine postérieure à la mort du Christ.

En résumé, si les Evangiles sont la source de la vérité, on doit reconnaître que cette source n'a pas toujours coulé pure jusqu'à nous. Et de fait, cette vie du Dieu fait homme qu'ils nous racontent est si obscure et confuse, que l'on s'est demandé souvent s'il avait réellement existé. Le doute n'est évidemment plus possible aujourd'hui, mais l'on doit au moins avoir le courage d'affirmer hautement le peu que nous savons sur l'existence de Jésus. Le fondateur de la religion chrétienne apparaît ainsi sous un jour tout nouveau, et l'on comprend plus aisément désormais que saint Augustin lui-même, dans sa dispute contre les Manichéens, ait été amené à faire cet aveu si grave : « Je ne croirais pas à l'Evangile, si je n'y étais contraint par l'autorité de l'Eglise ! »

(1) Marc Réville, *Histoire du Dogme de la Divinité de Jésus.*

CHAPITRE III

LES ERREURS SCIENTIFIQUES DE LA BIBLE

Rien ne doit être accepté que sur l'autorité de l'Ecriture, car cette autorité est plus grande que tout le pouvoir de l'Esprit humain.
(St-Augustin, *Commentaire sur la Genèse*).

L'étude à laquelle nous venons de nous livrer sur la Bible ne nous permet point de la considérer jusqu'ici comme un livre exempt de critiques. Prenons là maintenant, malgré le peu de garanties qu'elle nous offre, telle qu'elle est, et cherchons à découvrir l'inspiration divine qui a présidé à sa rédaction et qui doit se manifester à chacune de ses pages. Y a-t-il, dans l'Ancien Testament en particulier, des marques évidentes de la collaboration de Dieu ?

Telle est la question que le croyant sincère doit se poser et à laquelle l'Église répond affirmativement dans sa constitution dogmatique de la Foi : nier par conséquent la haute autorité des Ecritures est un acte blasphématoire et antichrétien. Cependant la Science est arrivée, après de nombreuses luttes contre l'orthodoxie théologique, à faire la lumière sur les prétendues vérités du livre de Moïse, le Pentateuque. Elle a examiné à la lueur d'un esprit critique impitoyable les théories pseudo-scientifiques que l'on croyait pouvoir imposer éternellement au monde : il a suffi de parcourir les premières pages de la Genèse pour détruire ses conceptions aussi antiques qu'erronées. Nous savons évidemment que l'Eglise, l'Eglise militante surtout, n'ose plus se rallier, au grand jour des conférences publiques auxquelles elle participe actuellement, à ces théories désormais insoutenables. Nous avons eu l'occasion d'assister plusieurs fois à cet abandon des textes sacrés, au cours de controverses que nous avons soutenues sur la Bible avec le clergé. Mais il n'en est pas moins vrai que l'on continue à apprendre au catéchisme les erreurs de la Genèse et les Histoires Saintes qui sont entre les mains des jeunes croyants contiennent toujours ces mêmes récits (1). Malgré les progrès réalisés et les découvertes acquises, l'Eglise enseigne donc encore officiellement des faits dont elle connaît la fausseté : nous laissons aux personnes de bonne foi le soin de qualifier une telle conduite.

Il est facile de démontrer le peu de valeur scientifique des premiers livres de l'Ancien Testament, bien que des savants illustres n'aient pas hésité à dire, comme *Linné* entre autres, « que Moïse n'a écrit et n'a pu écrire que sous la dictée même de l'auteur de la Nature ». Depuis l'époque à laquelle vivait cet éminent naturaliste, de nouvelles découvertes ont été faites qui ont entièrement ruiné ses croyances à ce point de vue. Indiquons les principales objections qui ont été dirigées contre le récit sacré de la création du monde : elles suffiront à prouver le caractère enfantin de ces conceptions.

« *In principio creavit Deus cœlum et terram* ».

Au commencement, Dieu créa le ciel et la terre,

(1) *Précis d'Histoire Sainte*, par F. T. D., ouvrage approuvé par de nombreux évêques. Imprimerie Vitte et Perrussel (2ᵉ édition).

ainsi débute l'auteur inspiré. Les croyants discutèrent longtemps pour savoir si Dieu avait tout créé de rien ou si au contraire la matière préexistait comme Saint Augustin inclinait à le croire. Le 4ᵉ concile de Latran mit un terme aux controverses, en déclarant que Dieu avait tout tiré du néant et avait achevé son œuvre en 6 jours, ainsi que l'indique clairement la Bible (*Genèse*, I, 5 et s.). L'Eglise romaine, comme les réformateurs protestants, soutint obstinément la nécessité de ne pas s'écarter du récit mosaïque de la création, point de départ de la Rédemption, le dogme fondamental du Christianisme.

Aussi, lorsqu'au xviiiᵉ siècle Buffon essaya d'exposer ses conceptions géologiques, la Sorbonne, inféodée au catholicisme, l'obligea à se rétracter ignominieusement en ces termes : « J'abandonne tout ce que j'ai dit dans mon livre touchant la formation de la terre et d'une manière générale tout ce qui peut être contraire au récit de Moïse ». Les théologiens ayant ainsi réglé le mode de la création et le temps que Dieu y employa, s'évertuèrent alors à en fixer la date. Après des recherches minutieuses, un des plus éminents hébraïsants du xviiᵉ siècle, Lightfoot, précisa cette date et déclara que le monde avait été créé le 23 octobre 4004 ans avant Jésus-Christ, à 9 heures du matin !

Est-il besoin de démontrer longuement l'incohérence de ces légendes ? Il n'est d'abord guère possible de prendre le Pentateuque pour un livre inspiré dans tous ses détails, puisque le créateur lui-même n'a pas pourvu à ce que la correction de son ouvrage soit parfaitement conservée. Les différentes versions qui ont survécu varient beaucoup entre elles. Le texte samaritain compte par exemple 1307 ans entre la création et le déluge, le texte hébreu 1656, la version des Septante 2263 ! Mais, même en adoptant la période la plus longue, celle des Septante, le récit de l'écrivain sacré ne s'harmonise point avec nos connaissances actuelles. Le fameux aphorisme *Natura non facit saltus* (la nature ne procède pas par bonds) ne devait être démontré vrai qu'à notre époque. On ignorait, au moment où Moïse a pu écrire, la durée incalculable de siècles qu'il a fallu pour donner à la terre l'aspect qu'elle a aujourd'hui. Les six jours de labeur divin pour façonner l'univers eussent été insuffisants pour nous rendre compte de l'évolution qu'il a franchi. Une école de géologues, s'appuyant sur des preuves imposantes, professe en effet l'opinion que la terre a été primitivement une masse en fusion et qu'elle s'est refroidie par rayonnement dans l'espace durant un million de siècles jusqu'à son degré de température actuel. Les observations astronomiques donnent un grand poids à cette idée, surtout celles qui se rapportent aux corps planétaires du système solaire. Elle est corroborée par le fait de la faible densité moyenne de la terre, par l'élévation progressive de la température vers le centre, par le phénomène des volcans et des filons, ainsi que par celui des roches ignées et métamorphiques. Ici encore, il faut reconnaître que des myriades de siècles ont été nécessaires pour produire de tels changements (1). Nous voilà bien loin par conséquent des 4004 ans qui représenteraient l'âge de la terre, d'après l'Eglise !

Nous voyons dans la Genèse que la séparation du jour et de la nuit aurait été effectuée par Dieu le premier jour de l'existence du monde, tandis que ce n'est que quelques jours après que le soleil et la lune furent créés. On a ébauché de nombreuses démonstrations pour prouver la réalité scientifique de cette fantastique méprise : nous en avons trouvé

(1) Draper, *Les conflits de la science et de la religion.*

un remarquable spécimen dans l'Histoire Sainte, souvent citée au cours de nos explications et à laquelle nous l'empruntons : « La science a établi, y est-il écrit en note, que la lumière existe indépendamment des corps appelés lumineux, lesquels excitent la lumière, la rendent visible, mais ne la produisent pas par eux-mêmes ». C'est à se demander ce que signifie ce galimatias ! Quoi qu'il en soit, l'erreur de la Bible provient de ce qu'elle est ici le reflet de vieilles croyances qui font de la lumière et des ténèbres des entités indépendantes. Nous retrouvons des résidus de cette croyance chez les premiers pères de l'Eglise, et notamment chez Saint Ambroise. « Nous devons nous souvenir, dit-il, dans son ouvrage sur la Création, que la lumière du jour est une chose et la lumière du soleil, de la lune et des étoiles une autre chose, le soleil paraissant par ses rayons ajouter de l'éclat à la lumière du jour. Le jour en effet paraît avant le soleil, mais il n'est pas dans tout son éclat, car le soleil ajoute encore à sa splendeur ».

Comment ajouter foi d'ailleurs à un récit de la création aussi contradictoire que celui de la Genèse. Dans sa première partie, appelée récit d'Elohim, les eaux produisent les poissons, les animaux marins et les oiseaux (*Genèse*, I, 20), tandis qu'un peu plus loin, dans le récit de Jéhovah, les animaux et les oiseaux sont déclarés avoir été créés non de l'eau, mais de la terre. (*Genèse*, II, 19.)

On nous apprend peu après que Dieu consacra trois jours à créer, orner et peupler notre petit globe, alors qu'il expédie en une journée la création de tous les corps lumineux qui peuplent l'univers. (*Genèse*, I, 14 et s.) Indiquer comme accessoires à notre planète des millions d'astres et d'étoiles infiniment plus volumineux et plus importants que la Terre est évidemment une méprise excusable pour un ouvrage aussi ancien que la Bible, mais, par contre, cette méprise nous prouve que l'inspiration divine a été ici plutôt fâcheusement inspirée! C'est là évidemment le résultat de la croyance géocentrique que Ptolémée devait plus tard organiser en système astronomique, adopté par l'Eglise de préférence à celui de Pythagore.

S'emparant des diverses traditions primitives transmises par le septième verset du premier chapitre de la Genèse, les savants pour lesquels la Bible était le dernier mot du savoir humain insistèrent sur les déclarations formelles de l'Ecriture, d'après lesquelles la terre fut à l'origine recouverte d'une voûte solide, d'un « firmament ». A ceci, ils ajoutèrent les passages d'Isaïe et des Psaumes où il est dit que les cieux sont « comme un rideau » ou « comme une tente pour y habiter. » (1)

— Se peut-il, disait à ce propos Lactance, qu'il existe des hommes assez insensés pour croire que les moissons et les arbres croissent la tête en bas et que les habitants de l'autre hémisphère aient les pieds plus hauts que la tête? Saint Augustin lui-même déclarait qu'il était impossible qu'il y ait des antipodes et des habitants de l'autre côté de la terre, puisque les Livres Saints ne font point mention de cette race en parlant des descendants d'Adam.

Toutefois une meilleure raison le frappe : c'est qu'au jour du jugement dernier les hommes qui seraient de l'autre côté de la terre ne pourraient voir le Seigneur descendre dans les airs. Ces théories étranges quoique parfaitement orthodoxes reçurent leur application dans un ouvrage intitulé : *Topographie Chrétienne*, écrit au vi^e siècle de notre ère par le moine Cosmos Indicopleustes. Le vénérable Bède, qui vivait un siècle plus tard, nous dit aussi que la création a été

(1) Whitte, *Histoire de la lutte entre la Science et la Théologie.*

accomplie en six jours et que notre terre est son point central et son objet le plus important.

C'est en vain que l'Eglise essaie de démentir ces doctrines anéanties actuellement par la science : nous savons qu'elle ne s'y est résolue qu'à son corps défendant, puisqu'elle persécutait au Moyen-Age, alors qu'elle était assez puissante pour le faire, ceux qui s'étaient inscrits en faux contre ces erreurs. Elle condamna ainsi par ses conciles ou par la congrégation de l'Index *Copernic, Galilée* et *Giordano Bruno*, pour ne citer que les plus illustres.

Précisons, en prévision des dénégations et des mensonges religieux qui ne manqueront pas de se produire sur ces affirmations — comme cela nous est souvent arrivé en réunion publique, — les agissements catholiques vis-à-vis de ces martyrs de la Vérité!

Copernic avait en 1507 achevé son grand ouvrage sur la Révolution des corps célestes et en avait dédié la préface au pape Paul III. Mais craignant d'attirer sur lui les rigueurs de l'Eglise — puisqu'il y enseignait la théorie héliocentrique — il s'abstint pendant 36 ans de publier son ouvrage. Ce n'est qu'à son lit de mort, alors qu'il n'avait plus rien à craindre de la religion, qu'on lui en apporta un exemplaire. Comme il l'avait prévu, l'Inquisition le condamna comme hérétique et la Congrégation de l'Index qualifia son système de « *fausses doctrines pythagoriciennes entièrement contraires aux Saintes Ecritures* » (1).

On avait objecté à Copernic que si les planètes Mercure et Vénus tournaient autour du soleil, comme il le prétendait, elles devraient avoir des phases comme la lune. et celles de Vénus, en particulier, auraient dû être très visibles. Copernic

____

(1) Draper, *Les conflits de la Science et de la Religion.*

sans lunette astronomique avait vainement essayé de répondre à ces critiques. Galilée appliquant le télescope à la planète Vénus reconnut que ces phases existaient. Ceci, et plusieurs autres belles découvertes tendant à prouver la vérité des allégations de Copernic, causèrent à l'Eglise une immense alarme. Il fut tout aussitôt accusé d'imposture, d'hérésie, de blasphème et d'athéisme. Galilée adressa pour sa défense à l'abbé Castelli une lettre dans laquelle il disait que les Ecritures avaient été données aux hommes non comme guide scientifique, mais comme guide moral. Il fut cité devant le tribunal de l'inquisition sous l'inculpation d'avoir enseigné que la terre tourne autour du soleil, et que celui-ci est immobile, « doctrine diamétralement opposée aux Saintes Ecritures ». Que devenait en effet dans ce système la légende de Josué arrêtant le soleil, pour achever sa victoire sur les Chananéens !

Le savant astronome s'engagea à ne plus rien publier à ce sujet. Seize ans plus tard, Galilée édite son ouvrage sur le système du Monde, remettant en lumière les théories de Copernic. Il fut aussitôt déféré au Saint-Office malgré ses 70 ans. Il arrive à Rome le 13 février 1633, et son procès dura 4 mois. Condamné, il fut conduit à l'église de la Minerve et obligé d'abjurer ce que le catholicisme osait appeler son hérésie. C'est ainsi qu'on lui fit lire à haute voix et signer la pièce suivante :

« Que le soleil soit placé au centre du monde et immobile : c'est là une opinion absurde et fausse en philosophie, *et formellement hérétique, parce qu'elle est expressément contraire à l'Ecriture Sainte!*

« Que la terre ne soit pas le centre du monde, qu'elle ne soit pas immobile, mais qu'elle ait de plus un mouvement diurne, c'est là encore une proposition absurde en philosophie, *et qui théo-*

logiquement est considérée comme erronée en foi ».

L'arrêt se terminait ainsi :

« Afin que cette grave et pernicieuse erreur ne reste pas tout à fait impunie et que tu sois pour les autres un exemple qui les détourne de tout crime de ce genre, nous décidons que le livre des Dialogues de Galilée soit prohibé par décret public ; nous te condamnons à la prison de ce Saint-Office pour un temps que nous déterminerons à notre gré, et nous t'ordonnons de réciter à titre d'expiation, une fois par semaine, pendant trois ans, les Psaumes de la Pénitence, nous réservant de modifier à notre gré les peines et les pénitences prononcées ci-dessus ».

Galilée ne fut pas sans doute physiquement torturé, mais quel affreux tourment moral ne dut-il pas subir, quand, sous la terrible menace des supplices et des cachots, il se vit misérablement contraint à se parjurer, à déclarer vrai ce qu'il savait faux, et à faire serment de ne plus soutenir désormais ce qu'il croyait être la réalité scientifique ! Et voilà cependant ce que Monsieur de Maistre, valet à gages de l'Eglise, appelle avec un dédain tout à fait aristocratique « *l'Historiette de Galilée* » (1).

Quant à Giordano Bruno, il avait insisté dans un de ses ouvrages, les *Conversations du Soir*, sur ce point que l'Eglise ne peut servir de base ni en physique, ni en astronomie. Il croyait aussi à la pluralité des mondes, et ses opinions philosophiques tenaient le milieu entre celles d'Averroës et de Spinoza. Plongé dans les cachots de Venise pendant 6 ans, il fut transporté à Rome pour avoir à y répondre de l'accusation d'hérésie et d'apostasie. Sa doctrine sur la pluralité des

(1) Voir à ce sujet : Biot, *La vérité sur le procès de Galilée* (*Journal des Savants*, 1858) ; Draper, *Les conflits de la Science et de la Religion* ; Barni, *Les martyrs de la Libre-Pensée.*

mondes était « contraire à la teneur des Ecritures et répugnait à la religion révélée, surtout en ce qui concerne le plan de la Rédemption ! » Déclaré coupable et excommunié, refusant de se rétracter, Bruno fut livré par l'Eglise au bras séculier « pour être puni aussi charitablement que possible et sans que le sang soit répandu », horrible formule en usage pour faire périr un prisonnier sur le bûcher. Bruno subit son supplice avec fermeté le 16 février 1600, sur une des places publiques de Rome.

— « Peut-être avez-vous eu plus de crainte en prononçant cette sentence, que je n'en ai eu en l'écoutant », avait-il dit à ses bourreaux. Il savait en effet que si son corps périssait, ses idées ne périraient pas : elles rappelleront éternellement la cruauté catholique, et elles sont encore la condamnation la plus éclatante de l'esprit d'intolérance et de haine qui souffle de toutes les religions ! (1)

En résumé, il serait difficile d'indiquer ici toutes les opinions que l'on a soutenues contre la science, parce que émanées de la Bible. Le ridicule les a tuées beaucoup mieux que l'indignation. La baleine de Jonas a été un poisson bien désobligeant pour l'Eglise, et le ciel, cette voûte peinte en bleu, qui servait, d'après les Ecritures, de plafond à la terre plate comme une galette, a une bien mauvaise presse. Personne ne croit plus aujourd'hui à la destination et à l'origine de l'arc-en-ciel, tiré du néant par le Créateur en témoignage de l'alliance qu'il contractait avec les Juifs (*Genèse*, IX, 13, 15). On rit de bon cœur des alarmes de l'Eternel craignant qu'à l'aide de la tour de Babel les humains n'escaladassent et ne

(1) Voir à ce sujet : Barni, *Les martyrs de la Libre-Pensée* ; Bartholmess, *Giordano Bruno* ; Draper, *Les conflits de la Science et de la Religion* ; Simon, *Voyage à travers les cultes et les religions.*

prissent d'assaut les cieux (*Genèse*, XI, 5 et 6). Il n'est pas jusqu'à l'histoire du Déluge qui ne se soit effondrée lamentablement depuis que Champollion a déchiffré les hiéroglyphes : ceux-ci nous renseignent en effet sur la vie *ininterrompue* des peuples égyptiens depuis une période antérieure de 5400 ans à la venue du Christ sur la terre. Cela prouve péremptoirement qu'ils n'ont pas été englobés dans cette noyade soi-disant universelle ! Bien plus, au moment où Dieu créait le premier homme Adam, 4004 ans avant la naissance de Jésus, il y avait, ces mêmes hiéroglyphes en témoignent, 1400 ans que l'Egypte était un royaume organisé et d'une civilisation brillante ! Ces découvertes ont donc achevé de ruiner le crédit que l'on avait fait aux récits bibliques, et par là, un des Dogmes principaux du Catholicisme ainsi conçu d'après le Concile de Trente (1545-1563) :

« Si quelqu'un refuse de reconnaître qu'Adam, le premier homme, après avoir transgressé dans le Paradis terrestre le précepte divin, perdit aussitôt la sainteté et la justice dans laquelle il avait été établi, et encourut pour cette prévarication coupable la colère et l'indignation de Dieu, qu'il soit anathème ! » (Canon 1er de la Session 5e).

La religion catholique repose en effet, et c'est l'explication de l'anathème du Concile de Trente, sur les frêles épaules des personnages mythiques d'Adam et d'Eve. Supprimez ce premier couple humain et l'édifice croule : avec lui disparaît le Paradis terrestre où se consomme le péché d'Eve, en même temps que la promesse de la Rédemption par le Christ qui en est la conséquence. Tout est donc anéanti, et c'est là le but que la Science silencieuse, mais infatigable destructrice, a désormais atteint. Comme le dit si bien M. de Quatrefages, dont les paroles autorisées nous serviront de conclusion : « La science reposant en entier sur l'expérience et l'observa-

tion, il était impossible qu'elle n'eut pas à contre-
dire certaines croyances tirées d'un livre écrit
dans un tout autre sens que le sien, et commenté
à l'aide de données incomplètes et fausses. Entre
les représentants du passé et ceux de l'ère nouvelle, la lutte était inévitable. Elle devait être
vive et le fut. *Devant des faits irréfutables, les
derniers soutiens des anciennes interprétations
bibliques ont dû reculer et se taire !* » (1)

(1) De Quatrefages, *Origines de l'espèce humaine.*

CHAPITRE IV

LA MORALE CHRÉTIENNE

d'après l'Ancien et le Nouveau Testament

Ne jugez point selon l'apparence,
mais jugez selon la justice.
(JEAN. *Evangile*).

Nous avons pu démontrer facilement dans les chapitres précédents le caractère légendaire et mythique des Saintes Ecritures : nous avons analysé ces textes, quant à la lettre et quant au fond, et nous avons constaté combien la faiblesse humaine s'était en eux donnée libre carrière. Il nous reste maintenant à étudier le contenu moral de la Bible, sur lequel on insiste beaucoup plus à l'heure actuelle — et pour cause — que sur le contenu scientifique. La morale chrétienne que nous allons puiser à sa source sera-t-elle véritablement celle que nous enseigne l'Eglise ? Ne nous a-t-on point caché et ne cache-t-on point encore soigneusement aux fidèles ce qu'ils ne doivent point connaître, sous peine de voir disparaître la foi ? C'est ce que nous verrons dans la dernière partie de cet opuscule.

En principe, on peut affirmer, sans crainte d'être démenti, que le caractère fondamental de la Vérité, c'est d'être une et immuable. S'il y a donc désaccord entre la morale de l'Ancien Testament et celle qu'a prêchée le Christ, la belle unité de la Bible est rompue et le même Dieu ne saurait avoir dicté ces conceptions différentes de l'Ethique : c'est là précisément ce qui s'est produit. Examinons en conséquence et successivement le double point de vue moral que l'on peut distinguer dans l'Ecriture.

Les auteurs qui ont écrit l'Ancien Testament, en particulier, n'ont pas toujours été très scrupuleux sur le choix de leurs narrations. Ils débutent, par exemple, en nous apprenant que Yahveh créa, à l'origine du monde, un seul homme et une seule femme. Cet unique couple humain n'eût que des enfants mâles, Abel, Caïn et Seth, qui cependant procréèrent à leur tour, nous dit le Chapitre IV de la Genèse. Ce ne put être évidemment qu'avec Eve elle-même, acte monstrueux qui a fortement embarrassé tous les commentateurs du Livre sacré. Il est vrai que la conception des devoirs de famille était plutôt singulière en des temps si reculés. Les aventures de la vertueuse famille de Loth, que des détails trop scabreux ne nous permettent pas de rapporter ici, en sont la preuve (*Genèse*, Ch. XIX). L'histoire du fils du roi David, Absalon, qui, en présence du peuple juif assemblé, viola successivement les dix femmes de son père, nous renseigne aussi sur les mœurs équivoques qui ont toujours été le privilège de l'Orient (*Samuel*, II, XVI, 22). Certaines prescriptions du Deutéronome, et la mésaventure du lévite d'Ephraïm qui, étant descendu chez un vieillard à Gabaa, fut assiégé par les habitants du pays voulant assouvir sur lui une infâme passion, évoquent à notre imagination les débordements de Tyr et de Lesbos (*Juges*, XIX, 22-29). Mais du moins, si nous sommes obligé par la pudeur la plus élémentaire de passer sous silence de nombreux traits du même genre, nous aurons l'occasion de relever dans la Bible d'autres grossières erreurs morales sur lesquelles nous pourrons nous étendre sans crainte. C'est ainsi que la polygamie, base de la famille patriarcale, existait, d'après l'Ecriture, chez toutes les tribus d'Israël, et elle se complétait même du zèle que mettaient les épouses légitimes à envoyer leurs servantes à leur place quand elles étaient affligées de stérilité (*Genèse*, XXX). L'exemple de la polygamie partait d'ailleurs de fort haut, car, s'il faut en croire le Chapitre XI du Ier livre des Rois, le grand Salomon lui-même n'eut pas moins de 700 femmes légitimes, et de 300 concubines. Le divorce était à cette époque passé si complètement dans les mœurs, qu'il était réglé par la loi religieuse, fort simplement du reste (*Deutéronome*, XXIV, 1).

Quel rapport y a-t-il entre cette morale et celle que nous impose actuellement l'Eglise, en nous dépeignant l'horreur de Dieu pour la polygamie et le divorce, alors que nous voyons ce même Dieu dicter à Moïse les lois qui réglementent ces deux institutions ? Que penser de la Divinité qui condamne maintenant l'adultère, et qui bénissait autrefois les rapports non sacramentels du maître avec les esclaves de ses multiples épouses ? On comprend que l'humanité dans son évolution fasse varier ses lois suivant des circonstances de temps et de lieu, mais on ne conçoit pas Dieu se contredisant lui-même, en défendant aujourd'hui ce qu'il commandait hier !

Le sacrifice d'Abraham nous apprend qu'on pouvait être agréable au Tout-Puissant en commettant le crime de tuer son enfant : si l'on nous objecte que ce meurtre ne fut pas consommé, celui de la fille de Jephté, sacrifiée à ces pratiques barbares, nous montre combien elles étaient admises par les mœurs de l'époque (*Juges*, XI). Mais où les passions cruelles se déchaînent dans toute leur laideur humaine, sous le masque de la Divinité, c'est dans les manifestations guerrières de Yahveh : une folie de sang et de meurtres le saisissait parfois, et c'étaient alors de véhémentes inspirations qu'il soufflait à son peuple : « Détruisez tout, tuez tout, disait ce boucher en délire, les femmes aussi bien que les hommes, les grands garçons et les enfants à la mamelle, et tuez aussi leurs brebis, leurs chameaux et leurs ânes ! » (*Samuel*, XV, 3). Le livre de Josué n'est qu'une orgie de sang et de meurtres : on y égorge tout ce qui a vie, et Josué, le guerrier agréable à Dieu, immole de sa propre main après les combats tous les prisonniers qu'on lui amène !

Yahveh était lui-même, du reste, d'une injustice colossale : pour l'expiation d'un crime qui criait vengeance, il tuait tout le monde avec entrain et conviction, excepté les coupables. Les hommes commettent des péchés : il les noie dans un déluge universel, sans s'inquiéter le moins du monde des enfants parfaitement innocents. Quand les juifs voulurent quitter l'Egypte, le pharaon s'y opposa : l'Eternel s'empressa de distribuer à tort et à travers d'horribles punitions à ses malheureux sujets qui n'étaient même pas au courant de la question. Les animaux domestiques de ces pauvres diables moururent jusqu'au dernier, et leurs premiers nés furent frappés de mort par un ange exterminateur (*Exode*, XII, 29). Le saint roi David étant devenu amoureux de la femme du capitaine Urie, et en ayant eu un enfant, ne trouva rien de mieux, pour s'assurer la possession indéfinie de l'épouse adultère, que de faire périr son mari. Yahveh, pour punir le roi, lui annonça que l'enfant mourrait et que ses dix autres femmes seraient violentées par son fils Absalon : c'est ce qui arriva (*Samuel*. II, Ch. XI à XVI) (1). Il faut avouer que celui que l'on nomme le Justicier Suprême ne joue pas dans ces évène-

(1) Simon, *Voyage à travers les cultes et les religions.*

ments un beau rôle ! Il était d'ailleurs assez facilement oublieux, pour son propre compte, des prescriptions qu'il imposait à son peuple. Vous NE TUEREZ POINT, avait-il recommandé aux Israëlites, et cependant, furieux de ce que Moïse avait négligé de circoncire un de ses fils, il tenta un jour de l'assassiner (*Exode*, IV, 24-26). Vous NE DÉROBEREZ POINT, s'était-il écrié aussi, et néanmoins, lors de la fuite d'Egypte, il recommanda aux Juifs d'emprunter à leurs maîtres leurs vases d'or et d'argent, et leurs plus beaux habits. Et, ajouta Yahveh, en guise de conclusion, vous dépouillerez les Egyptiens ! (*Exode*, XII, 35-36). On ne voit pas trop bien, dans cet étalage des plus tristes passions humaines, ce que l'Eglise persiste à nous donner comme l'expression la plus complète de la vérité, puisqu'elle jette l'anathème **« sur celui qui refuse de tenir pour sacrés et canoniques tous les livres des Saintes Ecritures, ou qui nie que ces livres aient été inspirés par Dieu ! »** (*Canon du Concile du Vatican*, 1869). Mais quoi qu'en pense le Saint Concile, nous nous refusons, et tout homme de bon sens agira comme nous, à voir dans la Bible — après les extraits que l'on peut en tirer — un livre intégralement inspiré.

Nous n'avons parlé jusqu'ici, il est vrai, que du code singulier de morale que l'on pourrait extraire des textes de l'Ancien Testament. Il s'agit maintenant d'étudier de près ce que l'on regarde comme la morale chrétienne par excellence, c'est-à-dire la prédication du Christ. A ce point de vue il serait souverainement injuste de méconnaître la haute valeur de son enseignement et de ne pas apprécier comme il convient la grandeur et l'élévation de son inspiration morale. Oui, le Christ fut le doux apôtre de la fraternité humaine, il sut dégager l'homme de ce qu'il appelait « les sollicitudes de ce monde », il fit rayonner sur les faibles et les opprimés cette lumineuse bonté qui caractérise la plupart de ses paraboles ! Mais du moins, si cet aveu est chez nous spontané et sincère, il ne va point jusqu'à déclarer divins les préceptes de Jésus. Nous ne sommes point des sectaires et nous voulons rendre à chacun le sien, *cuique suum*, comme disaient les Romains : c'est pourquoi nous pensons qu'au point de vue de la morale Jésus-Christ n'inventa rien. En d'autres termes, nous ne pouvons considérer la doctrine du fondateur du Christianisme comme une doctrine émanée de Dieu : il est facile de le prouver en montrant d'abord que les idées émises par le Messie l'avaient été déjà avant lui et ensuite qu'elles ont été depuis longtemps dépassées. Cela revient à dire que la morale de Jésus a été — semblable en cela aux autres œuvres humaines — soumise aux lois de l'évolution. Seul le divin peut se soustraire aux contingences, ou, comme on dit en philosophie, est indépendant du temps et de l'espace : inutile d'ajouter que c'est là un phénomène que l'expérience de l'homme n'a pas encore découvert.

On a donc établi aujourd'hui à la suite de patientes recherches que les recommandations de charité, de mansuétude, de bonté, de confiance religieuse, en un mot tout l'ensemble et tout le détail de l'enseignement moral du Nouveau Testament, n'était qu'un écho et qu'un décalque de l'enseignement israélite (1).

Plus de 1500 ans avant Jésus, s'il faut en croire la chronologie biblique, voici ce que l'on trouve dans certaines parties de l'Ancien Testament, qui ne contient pas, heureusement pour lui, que des cruautés ou des obscénités.

(1) Voir notamment à ce sujet : Salvador : *Jésus-Christ et sa doctrine* ; Rodrigues : *Origine du Sermon sur la montagne* ; Dukes : *Qu'est-ce que le Christianisme a pris au Judaïsme ?* Cohen : *Les Déicides* ; Havet : *Origines du Christianisme.*

« Ne manque pas d'ouvrir ta main à ton frère affligé et pauvre. Ne fais pas de tort à l'ouvrier, paie lui son salaire le jour même de son travail ». (*Deutéronome*, XXIV, 16).

« Lorsque vous aurez coupé vos grains dans votre champ et que vous y aurez laissé une gerbe par oubli, vous la laisserez prendre à l'étranger, à l'orphelin et à la veuve. » *Deutéronome*. XXIV, 19).

Dans la *Mishna* ou *Pirqué-Aboth*, qui est un précis en 6 gros volumes de l'enseignement moral, religieux et juridique pratiqué et élaboré par les Anciens des Israélites pendant leur exil à Babylone (soit 6 siècles av. Jésus-Christ), on trouve aussi des prescriptions morales rappelant celles de Jésus.

« Que ta maison soit ouverte à tous et que les humbles soient traités par toi comme tes enfants » (I, 4, *Mishna*).

« Trouve du mérite chez tout homme, sois indulgent envers tous. Aime le travail et fuis la grandeur. » (*Mishna*, I, 6, 10).

Hillel disait : « Sois disciple d'Aaron qui aimait la paix et tous les hommes. Ne fais pas à ton prochain ce que tu ne voudrais pas qu'il te fît ». Il ajoutait avec un sentiment d'exquise douceur : « Ne juge ton prochain que lorsque tu le trouveras dans ta position. » (*Misna*, I, 12).

Shamay disait aussi : « Sois cordial et bienveillant envers tous les hommes. Le monde a pour fondement trois choses : la Vérité, la Justice et la Paix sociale ! » (*Mishna*, I, 15).

Il n'est pas jusqu'à la notion du Père Céleste, du Créateur bienveillant et bon, cet idéal du Christ, qui ne se retrouve avant lui, chez les prophètes d'Israël.

« Tu es notre père, s'écrie Isaïe, et quand même Abraham ne nous connaîtrait pas et que notre patrie ne nous avouerait pas, Eternel tu es notre père et ton nom est rédempteur de tout temps. » (*Isaïe*, LXIII).

« Sur qui devons-nous nous appuyer? Sur notre père qui est dans les Cieux. Qui nous purifiera ? Notre père céleste ! » (1).

Si nous abandonnons maintenant le Judaïsme pour passer dans le monde païen, nous n'aurons pas de peine à montrer que les idées de justice, de pitié pour les déshérités, de dévouement et d'abnégation étaient . issues depuis longtemps avant Jésus, de la féconde collaboration de tous les philosophes et de tous les honnêtes gens. Les quelques citations suivantes suffiront à convaincre les plus incrédules.

« Quiconque veut devenir un grand homme ne doit point s'enivrer de l'amour de soi-même et de ses qualités : la justice seule mérite son amour. » (Platon : *Les lois*).

« La loi doit sauver les coupables et non les perdre et sauver le coupable c'est le corriger, c'est le délivrer du mal et de la corruption qui le rendent indocile aux ordres paisibles mais absolus de la raison. » (Platon : *Les lois*).

« La naissance n'établit entre nous aucune différence : mais si l'on juge d'après la justice, tout homme de bien est un homme bien né. Un homme parce qu'il est esclave ne cesse pas pour cela d'être un homme : il est de la même chair que toi. La nature ne fait point d'esclaves : c'est la fortune seule qui réduit nos corps en servitude ».

« Celui-là est le meilleur des mortels qui sait le mieux supporter les injures. Lorsque tu voudras iujurier le prochain, commence par examiner toi-même tes défauts et tes vices. Il faut apprendre à compâtir aux maux d'autrui, afin que l'on compâ-

(1) Moïse Shul : *Sentences et Paraboles du Talmud et du Nidrash.*

tisse justement aux nôtres. Respecte et aide l'étranger, car tu seras peut-être étranger un jour ». (Ménandre : *Extraits de comédies*).

« Souvenons-nous que nous devons exercer la justice vis-à-vis des êtres les plus infimes. Rien n'est plus conforme à la nature humaine que la bienfaisance. La reconnaissance est le plus grand de nos devoirs. Fuyons avant tout l'orgueil, le dédain, l'arrogance. Plus nous sommes élevés, plus nous devons nous conduire avec modestie.

« Le meilleur héritage que les parents puissent laisser à leurs enfants, héritage plus sublime que tous les patrimoines, c'est la gloire attachée à leurs vertus !

« Il vaut mieux se faire aimer que se faire craindre. La nature nous prescrit de faire du bien à notre semblable par cette seule raison qu'il est homme. » (Cicéron : *Traité des devoirs*).

N'est-ce point à Térence que l'on doit ce beau vers : *Homo sum et nihil humani a me alienum puto!* (Je suis homme et rien de ce qui est humain ne m'est étranger !) Et Lucain ne s'écriait-il pas : *Tunc genus humanum positis sibi consulat armis, inque vicem gens amet!* (Que maintenant le genre humain dépose les armes, que toutes les nations s'aiment les unes les autres !)

Jamais le Christ n'a fourni une discussion plus sérieuse et plus approfondie contre l'esclavage — qu'il ne condamne même pas — que Sénèque, Épictète et Dion Chrysostome, disciples de Zénon (1). Comment n'admirerait-on pas, d'autre part, ces pensées si chrétiennes du païen Marc-Aurèle :

« Une âme modérée, sage, humaine et pure est comme une source d'eau claire et douce, qu'un passant s'aviserait de maudire. La source ne conti-

---

(1) Voir à ce propos : Denis, *Histoire des idées et des théories morales dans l'Antiquité* (tome 2).

nue pas moins à lui offrir une boisson salutaire et s'il y jette de la boue et du fumier, elle se hâte de les rejeter, sans en être altérée et sans en devenir plus nuisible.

« Eh! que cherches-tu en faisant du bien aux hommes ? Ne te suffit-il pas d'agir conformément à ta nature ? »

Jésus avait dit un jour : Si quelqu'un te frappe à la joue droite, présente-lui la gauche (*Mathieu,* V, 39). Mais la religion indoue avait dit avant lui : Si celui qui te frappe laisse tomber le baton dont il se sert, ramasse-le et tends-le lui sans murmurer (1). Boudha, environ 700 ans avant le Messie, passa 45 années de sa vie à prêcher dans l'Inde la fraternité, l'amour du prochain, l'humilité, la bienfaisance. En présence de ce colosse de la charité, la vie de Jésus, qui n'évangélisa que deux ans dans quelques pauvres bourgades de la Judée, paraît bien petite et bien mesquine!

C'est donc fausser entièrement l'histoire que de déclamer contre les débordements et les ténèbres du Paganisme, pour attribuer ensuite au Christ la gloire d'avoir édifié la morale sur des bases entièrement neuves.

C'est dans un but de réclame éhontée, que les prêtres ont laissé s'accréditer cette légende contre laquelle nous avions le devoir de protester au nom de la vérité. Mais « nous n'en éprouvons pas moins quelque honte à démontrer si longuement que l'homme était homme avant la venue de Jésus, et qu'il n'y a pas dans le cœur un seul sentiment naturel et profond, dans l'imagination, une seule pensée délicate que les anciens n'aient aussi clairement connue et vivement exprimée que lui » (2).

Mais admettons pour un instant que les doc-

(1) Jacolliot, *La Bible dans l'Inde et Christna.*
(2) Denis, *Histoire des idées et des théories morales dans l'Antiquité.*

trines chrétiennes étaient supérieures aux théories païennes et considérons ce qui se passe dans
le monde lorsqu'elles triomphent définitivement.
La moralité moyenne de l'humanité s'accroît-
elle au contact de ces préceptes vivifiants diffusés
en tous lieux par l'éloquente parole des premiers
apôtres?

L'époque de Constantin, qui est le commencement du cycle chrétien, est-elle vraiment supérieure au point de vue de la morale à l'époque de
Marc-Aurèle? Cela est au moins douteux. Toutefois, ce qui est positif, c'est d'abord le démembre-
ment du puissant empire romain, indice d'une
décadence et d'une corruption indéniables, c'est
ensuite la mainmise progressive de l'Eglise sur le
monde civilisé pendant plus de 10 siècles. Alors
s'ouvre l'ère des discussions byzantines sur le
dogme, la Science est étouffée par l'Eglise et la
Philosophie devient la servante de la Théologie !
Une immoralité profonde s'empare des con-
sciences et les éloquentes diatribes des véritables
chrétiens de l'époque en témoignent.

Elles suffisent à nous convaincre de la valeur
des principes de Jésus, appliqués par la hiérar-
chie catholique toute puissante : elles sont la
meilleure preuve du danger que ferait courir aux
peuples modernes la restauration du pouvoir
papal !

« En vain, les villes de la plaine ont été détruites
par le feu vengeur du ciel, s'écrie Saint Bernard,
l'ennemi du genre humain a répandu partout
leurs débris et leurs cendres maudites ont infecté
l'Eglise ! L'Eglise reste pauvre, dépouillée et
misérable, négligée de tous et comme exsangue.
Ses enfants ne cherchent pas à la vêtir mais à la
dépouiller ; ils ne la protègent pas, mais la détrui-
sent ; ils ne la défendent pas, mais l'exposent ; ils
n'instituent pas, mais ils prostituent ; ils ne nour-
rissent pas le troupeau, mais l'égorgent et s'en

repaissent. Ils réclament le prix des péchés, mais ne pensent pas aux pécheurs. Qui pouvez-vous me citer parmi les évêques qui ne cherche pas plutôt à vider les poches de ses ouailles qu'à les guérir de leurs vices. » (Saint Bernard : *Sermone de Conversione*, ch. XIX et XX).

« L'Eglise court à sa ruine et pas une main ne s'élève pour la soutenir : il n'y a pas un seul prêtre digne de s'imposer comme médiateur entre Dieu et les hommes et d'approcher du trône divin en sollicitant la grâce d'en haut. » (Potho de Pruhm : *De statu Domus Dei*, livre 1er).

Henri d'Albano, légat du pape, adressait, en 1188, cette lettre encyclique aux prélats allemands, très édifiante comme on va le voir :

« Le triomphe du prince des ténèbres est proche à cause de la dépravation du clergé, de sa luxure, de sa gourmandise, de son mépris des jeunes. Les prêtres cumulent des bénéfices, vont à la chasse, élèvent des faucons, jouent, commercent, se querellent entre eux et pis que tout cela, donnent l'exemple de l'incontinence, ce qui excite la colère de Dieu et scandalise le peuple. »

Sainte Hildegarde, elle-même, s'exprimait ainsi dans le Chapitre XVI de ses Révélations :

« Les prélats sont les ravisseurs des églises ; leur avidité consume tout ce qu'elle touche. Leurs oppressions nous réduisent à la misère et nous avilissent en les avilissant. Est-il convenable que des hommes tonsurés commandent à plus de soldats et disposent de plus d'armes que les laïques ? Est-il convenable qu'un clerc soit un soldat et un soldat un clerc ? »

On essaya bien, au Concile de Latran, en 1225, de corriger les mœurs déréglées du clergé qui envahissaient comme une lèpre l'Europe entière ; ses décisions restèrent lettre morte. Quatre ans plus tard, le pape Honorius III, dans une encyclique adressée à tous les prélats, se voyait en effet obligé de les réprimander durement en ces termes :

« Les ministres de l'autel, pires que des bêtes se roulant dans leur fumier, se font gloire de leur ignominie comme à Sodome ! Ils sont un piège et un fléau pour les fidèles. Beaucoup de prélats dépensent les biens qui sont confiés à leur garde et dispersent sur les places publiques les ressources du Sanctuaire.

« Ils donnent de l'avancement aux indignes, ils dilapident les revenus de l'Eglise au profit des méchants et transforment les églises en conventicules à l'usage de leur famille. Moines et nonnes rejettent le joug, brisent leurs chaînes et se rendent aussi méprisables que de l'ordure. C'est pour cela que l'hérésie fleurit. Que chacun de vous ceigne son épée et n'épargne ni son frère ni son plus proche parent ! »

Nous n'étonnerons personne en disant, après cela, que l'Inquisiteur de Passau, en 1260, avait dressé une liste épouvantable de crimes commis parmi le clergé, qu'il qualifie de fléau politique, moral et social (1).

Tels ont été les résultats du triomphe du Christianisme et de sa morale : ceux qui devaient en être les propagateurs les plus ardents ont été les premiers à en violer les préceptes. Il était inévitable que le peuple, en présence de pareils exemples, ne courût à la débauche et à la corruption qui devinrent effectivement universelles. Et puisqu'aujourd'hui que les croyances diminuent, la moralité moyenne augmente, nous sommes en droit de conclure que la morale actuellement pratiquée est supérieure à la morale traditionnelle de Jésus, bien que ne reposant point comme elle sur des bases religieuses. De plus en plus s'affirme

(1) **Preger,** *Beitraege zur Geschichte der Waldesier* (pages 64 et 67).

ainsi l'hétérogénéité qui existe entre l'Ethique et la Religion, complètement indépendante l'une de l'autre. Il n'est plus personne en effet à notre époque qui ne se sente un peu coupable de la misère qui nous entoure, il n'est pas un homme vraiment digne de ce nom qui ne cherche à réaliser un peu plus d'équité dans les lois sociales.

Cette conscience de la solidarité qui nous unit tous dans des rapports étroits d'interdépendance, est l'indice d'une évolution considérable, car jamais elle ne fut aussi vive que de nos jours. Les préceptes chrétiens sont donc depuis longtemps dépassés : ils n'ont jamais été qu'une étape — peut-être nécessaire mais bien courte — de l'évolution qui nous entraîne vers la Cité Future où « la justice et la fraternité couleront comme deux fleuves intarissables ! »

La preuve est faite désormais — nous semble-t-il — du relativisme humain de la morale de Jésus, préparée par l'antiquité païenne et épurée par la Civilisation moderne !

CONCLUSION

Nous voici donc au terme de notre exposé critique sur la Bible et la Morale Chrétienne. Nous nous sommes efforcé d'y démontrer — avec preuves à l'appui — combien l'Eglise a abusé de la bonne foi des croyants en déclarant « Saintes et Sacrées les Ecritures. » Les travaux de tout ordre qui ont été publiés à leur propos ont détruit le vaste édifice de mensonge élevé par le Catholicisme pour les préserver de la discussion. Il est malaisé, comme le dit Montaigne, de ramener les choses divines à notre balance sans qu'elle n'y souffrent du déchet. Et cependant, malgré les progrès réalisés et les découvertes acquises, il est incontestable que la vitalité intérieure de la religion est encore puissante.

C'est qu'en effet, à côté de ses constructions dogmatiques, le Catholicisme a eu le rare privilège de pouvoir s'organiser en une masse hiérarchisée, obéissant en aveugle aux ordres d'un chef suprême ! De plus, dans cette période troublée de l'histoire qui est la nôtre, l'organisme religieux est devenu naturellement — puisqu'il représente la force de la tradition — le rempart de la propriété et de l'ordre bourgeois. A ses flancs se sont agrippés les partis conservateurs affolés par la perspective de la Révolution qui vient...

C'est pourquoi il ne faut point dédaigner ce redoutable adversaire, mais l'estimer à sa valeur exacte. Dans quelques années, l'arrivée dans les ordres de milliers de jeunes prêtres intelligents et instruits va créer, dans notre pays, un danger permanent pour la Démocratie.

Nous n'arriverons à l'écarter définitivement qu'en inculquant au peuple le plus grand nombre d'idées générales possible, qu'en substituant à l'ancienne philosophie une philosophie de l'humanité plus large et plus scientifique. La victoire appartiendra aux plus forts, c'est-à-dire aux plus savants et aux plus moraux. Les générations en train de s'élever à la vie sont celles qui seront chargées d'ouvrir le sillon où nous jetterons les semences d'un avenir meilleur. C'est à elles qu'est dédié ce modeste opuscule : qu'elles y puisent à la fois l'ardeur au travail qui nous anime et le souci constant de la vérité qui doit être pour nous tous le suprême idéal !

Marseille, décembre 1906 - janvier 1907.

BIBLIOGRAPHIE

ANCIEN TESTAMENT :

DUJARDIN : *La source du fleuve chrétien.*
HEGSTENBERG : *Dissertation sur la pureté du Penta-
teuque.*
LAND : *Disputatio de Carmine Jacobi.*
SPINOZA : *Tractatus theologico-politicus.*
SIMON : *Histoire critique de l'Ancien Testament.*
COLENSO : *Le Pentateuque.*
RENAN : *Le Cantique des Cantiques.*

NOUVEAU TESTAMENT :

RENAN : *Vie de Jésus.*
STRAUSS : *Nouvelle vie de Jésus.*
PEYRAT : *Histoire critique de Jésus.*
RÉVILLE : *Histoire du dogme de la divinité de Jésus.*
LARROQUE : *Examen critique.*
FABRICIUS : *Codex apocryphus Novi Testamenti.*
ORIGÈNE : *Contra Celsœ.*
DUKES : *Qu'est-ce que le Christianisme a pris au
Judaïsme?*
COHEN : *Les Déicides.*
LOISY : *Etudes bibliques.*
JACOLLIOT : *La Bible dans l'Inde et Christna.*

HISTOIRE GÉNÉRALE DES RELIGIONS :

LANG : *Mythes, Cultes et Religions.*
GUYAU : *Irréligion de l'avenir.*
DUPUIS : *Origine de tous les cultes.*
LÉTOURNEAU : *Evolution religieuse.*
DIDE : *Fin des religions.*
VINSON : *Les Religions Actuelles.*
HAVET : *Les origines du Christianisme.*
SABATIER : *Esquisse d'une philosophie de la Religion.*
BURNOUF : *Science des Religions.*
TIÈLE : *Histoire comparée des Anciennes Religions de
l'Egypte et des Peuples Sémitiques.*
RECLUS : *L'Homme et la Terre.*
FEUERBACH : *Essence du Christianisme.*
SIMON : *Voyage à travers les cultes et les religions.*

LA RELIGION ET LA SCIENCE :

DRAPER : *Conflits de la Science et de la Religion.*
WHITTE : *Lutte entre la Science et la Théologie.*
ZAHM : *L'Evolution et le Dogme.*
MALVERT : *Science et Religion.*

LA MORALE ET LA RELIGION :

BOUTROUX : *La Morale Chrétienne.*
BARNI : *Les Martyrs de la Libre-Pensée.*
GARNIER : *La Morale Chrétienne.*
RODRIGUES : *Origine du Sermon sur la Montagne.*
SALVADOR : *Jésus-Christ et sa Doctrine.*
DENIS : *Histoire des idées et des théories morales dans l'Antiquité.*

Table des Matières

Poligny, imprimerie A. Jacquin

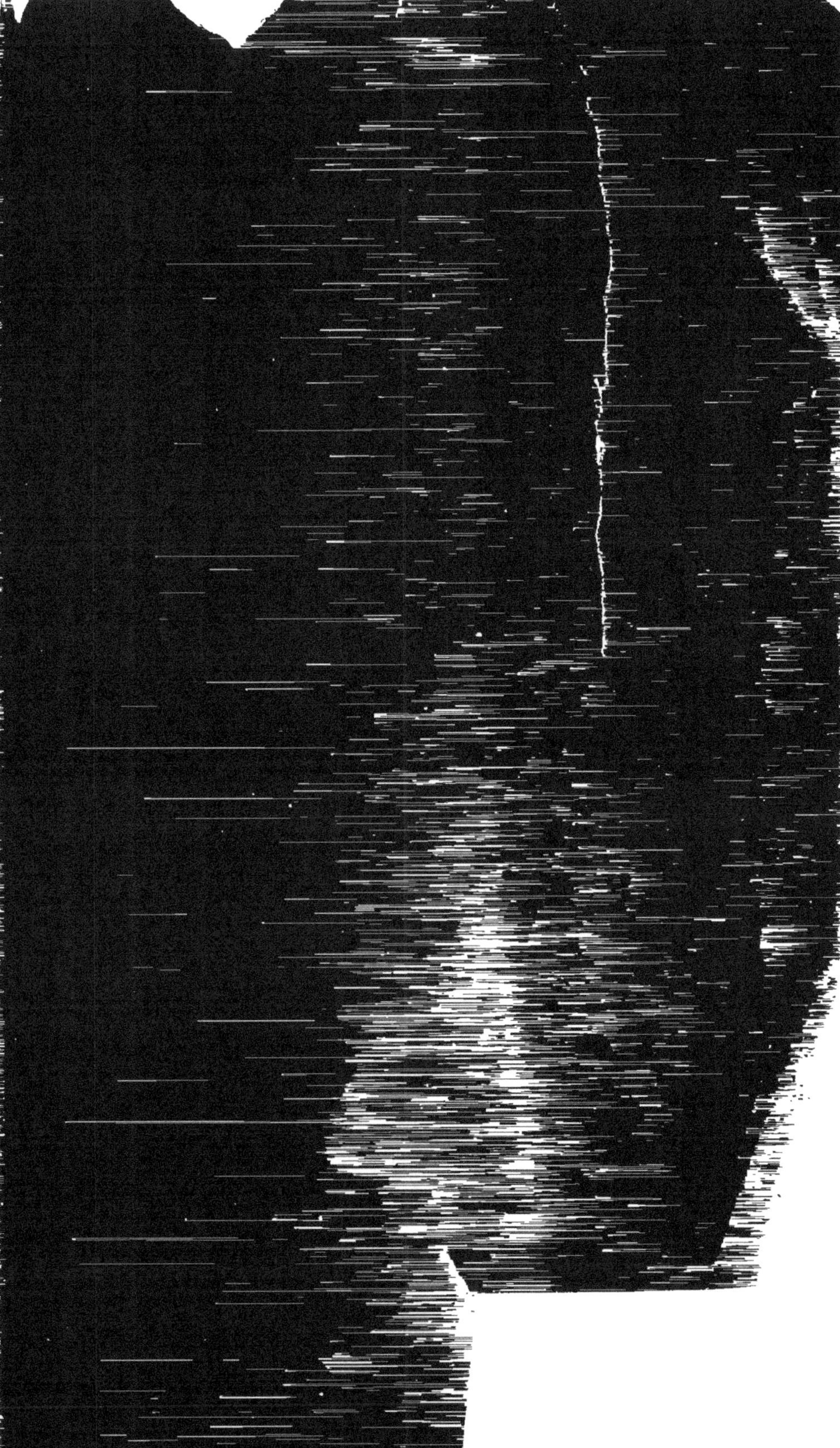